《国际汉语教师证书》考试

模拟试题集

Practice Tests for
Certificate of Teaching Chinese to Speakers of Other Languages

主编： 梁社会　张小峰

编者： (按姓氏拼音顺序排列)

董星辰　何晓旦　陆哲懿　沈彤彤
束嘉宁　吴卉冬　于晓婷

北京大学出版社
PEKING UNIVERSITY PRESS

图书在版编目 (CIP) 数据

《国际汉语教师证书》考试模拟试题集 / 梁社会，张小峰主编 .—北京：北京大学出版社 ,2016.7
ISBN 978－7－301－27394－4

Ⅰ . ①国… Ⅱ . ①梁… ②张… Ⅲ . ①汉语—对外汉语教学—教师—资格考试—习题集 Ⅳ . ① H195.3－44

中国版本图书馆 CIP 数据核字 (2016) 第 188408 号

书　　　名	《国际汉语教师证书》考试模拟试题集	
	《GUOJI HANYU JIAOSHI ZHENGSHU》KAOSHI MONI SHITIJI	
著作责任者	梁社会　张小峰　主编	
责 任 编 辑	宋立文	
标 准 书 号	ISBN 978-7-301-27394-4	
出 版 发 行	北京大学出版社	
地　　　址	北京市海淀区成府路 205 号　　100871	
网　　　址	http://www.pup.cn　　　新浪微博：@ 北京大学出版社	
电 子 信 箱	zpup@ pup.cn	
电　　　话	邮购部 62752015　发行部 62750672　编辑部 62754144	
印 刷 者	三河市博文印刷有限公司	
经 销 者	新华书店	
	889 毫米 ×1194 毫米　16 开本　14.75 印张　306 千字	
	2016 年 7 月第 1 版　2023 年 3 月第 17 次印刷	
定　　　价	52.00 元	

前　言

《国际汉语教师证书》考试是由孔子学院总部/国家汉办主办的一项标准化考试。考试依据《国际汉语教师标准（2012）》，通过对汉语教学基础、汉语教学方法、教学组织与课堂管理、中华文化与跨文化交际、职业道德与专业发展等五个标准能力的考查，评价考生是否具备担任国际汉语教师的能力。

《国际汉语教师证书》考试于 2015 年 10 月 31 日在全球第一次正式开考。该考试主要面向海外孔子学院（课堂）从事汉语教学的教师、志愿者；同时面向有志于从事国际汉语教育工作的各类人员，包括海内外各类教育机构的教师及相关专业学习者。

《国际汉语教师证书》考试分为笔试和面试两部分。笔试达到要求后，方可参加面试。

笔试全部为客观题，分为基础知识、应用能力、综合素质三部分，全卷共150 题，满分 150 分。笔试试题主要采取案例导入式设计。案例源于教学实际，形式多样，包括：教材中的课文、教学大纲和计划、教案和教学日志、课内外活动方案、学生作业和答卷、网络和多媒体教学资源、调研报告、教师事迹、新闻报道等。

我们编著的这本《〈国际汉语教师证书〉考试模拟试题集》是第一本完全按照《〈国际汉语教师证书〉考试大纲》的要求和所附样题的格式设计的试题集，充分考虑读者需求，紧扣大纲，案例导入，并配有答案和详细解析。

本试题集共有 5 套试卷，历时半年，反复研讨，几易其稿，终成此书。感谢吴莉莉博士帮忙审校部分试题，感谢责任编辑宋立文认真高效的工作，在此一并致谢。

本试题集可供参加《国际汉语教师证书》考试的考生使用，也可作为国家公派出国汉语教师、汉语教师志愿者和汉语国际教育教研人员的参考用书。

如果您在使用过程中有什么意见和建议，欢迎和我们联系。E-mail：liangshehui@njnu.edu.cn。祝大家考出好的成绩！

编　者

目 录

《国际汉语教师证书》考 试

模拟试卷一

注 意

一、本试卷分三部分：

　　1. 基础知识 50 题

　　2. 应用能力 50 题

　　3. 综合素质 50 题

二、请将全部试题答案用铅笔填涂到答题卡上。

三、全部考试约 155 分钟（含 5 分钟填涂答题卡时间）。

第一部分 基础知识

第1—5题

> 贝克：刘明，大星期一的，(1) <u>你就显得有点儿疲倦</u>，怎么啦？
>
> 刘明：别提啦。上个周末家里买了台新电脑，从买到安装都是我一个人干的。这个周末回去，不料父母闹起了矛盾，没休息好。
>
> 贝克：(2) <u>你们家不是一直很和睦吗</u>？怎么会闹矛盾呢？
>
> 刘明：因为爸爸退休后对学电脑着了迷，(3) <u>不是玩游戏就是上网聊天</u>，很少理妈妈，妈妈有点儿伤心，生爸爸的气了。
>
> 贝克：哎哟，(4) <u>就这么点儿小事啊</u>，哪至于又伤心又生气的。
>
> 刘明：父母辛勤工作了一辈子了，退休后是该享享福了。可在对享福的看法上，他们却产生了分歧。"公说公有理，婆说婆有理"，(5) <u>谁也不让谁</u>。

1. 关于"有点儿"和"一点儿"的区别描述正确的是：（　）
   A. "一点儿"表示"少"，"有点儿"表示"多"
   B. "一点儿"可以和心理动词搭配，"有点儿"只能和形容词搭配
   C. "一点儿"可用在形容词的前面，"有点儿"只能在形容词后面
   D. "一点儿"可作数量词用在名词前，"有点儿"不能

2. 句（2）与下列哪一个疑问句属于同一类型？（　）
   A. 这个座位有人吗？　　　　　B. 你到底打算怎么办？
   C. 谁说我答应了啊？　　　　　D. 北京的冬天是不是很冷？

3. 句（3）中由"不是……就是……"引导的是哪一类复句？（　）
   A. 选择复句　　　B. 连贯复句　　　C. 并列复句　　　D. 递进复句

4. 下列哪个选项与句（4）中的"啊"读音相同？（　）
   A. 你看看葡萄长得多好啊！　　　B. 他怎么总是这么忙啊！
   C. 多好吃啊！　　　　　　　　　D. 这空气多新鲜啊！

5. 句（5）中"谁也不让谁"的"谁"是代词的哪一类活用形式？（　）
   A. 承指　　　B. 任指　　　C. 虚指　　　D. 例指

第 6—13 题

飞扬 bá 扈	bì 日遮天
方枘圆凿	未雨绸缪

6. 普通话声母"b"的国际音标应该注为：（　　）

    A.［b］   B.［p］   C.［b‘］   D.［p‘］

7. 根据成语中的拼音写出汉字，都正确的一组是：（　　）

    A. 拔；蔽   B. 拔；敝   C. 跋；蔽   D. 跋；避

8. 汉字"枘"的声母按发音方法分属于哪一类？（　　）

    A. 鼻音   B. 擦音   C. 塞音   D. 塞擦音

9. "绸缪"属于哪种构词类型？（　　）

    A. 单纯词   B. 派生词   C. 复合词   D. 重叠词

10. 和"雨"字属于同一造字法的是：（　　）

    A. 舟   B. 末   C. 涉   D. 盛

11. 根据"凿"字的正确笔顺，第七个笔画名称是：（　　）

    A. 横   B. 点   C. 撇   D. 竖

12. 汉字"扈"的结构模式属于哪一类？（　　）

    A. 上中下结构 B. 半包围结构 C. 对称结构   D. 品字结构

13. "天"字正确的字体演变顺序是：（　　）

①天   ②人   ③天   ④人   ⑤天

A. ④②③⑤① B. ②④⑤①③ C. ②④③⑤① D. ④②⑤①③

第 14—19 题

请选出下列短语的结构关系类型，在 A—G 中进行选择，其中有一个多余选项。

14. 躺着看书
15. 睡了半小时
16. 喜欢看电影
17. 上街买菜
18. 请他来南京
19. 宝岛台湾

14. _____
15. _____
16. _____
17. _____
18. _____
19. _____

A. 主谓短语
B. 述宾短语
C. 述补短语
D. 偏正短语
E. 同位短语
F. 连谓短语
G. 兼语短语

第 20—24 题

指出下列句子中补语所对应的类型，在 A—F 中进行选择，其中有一个多余选项。

20. 我一口气写下了几千个大字。
21. 赵小曼写报告文学一直写到深夜。
22. 这个病不是药能治得好的。
23. 他最近忙得很，别去打扰他。
24. 听到这个消息后，她兴奋得手舞足蹈。

20. _____
21. _____
22. _____
23. _____
24. _____

A. 程度补语
B. 情态补语
C. 可能补语
D. 结果补语
E. 趋向补语
F. 数量补语

第 25—29 题

第二语言教学法可以分为认知派、经验派、人本派和功能派四大流派，请把下列第二语言教学法归入正确的流派。

25. 默教法
26. 听说法
27. 语法翻译法
28. 交际法
29. 全身反应法

25. _____
26. _____
27. _____
28. _____
29. _____

A. 认知派
B. 经验派
C. 人本派
D. 功能派

第 30—33 题

过了云步桥，我们开始走上攀登泰山主峰的盘道。南天门应该接近了，由于山峡回环曲折，(1) 反而望不见了。野花野草，什么形状也有，什么颜色也有，挨挨挤挤，芊芊莽莽，要把巉岩的山石装扮起来。连我上了一点岁数的人，也学小孩子，掐了一把，直到花朵和叶子全蔫了，才带着抱歉的心情，丢在山涧里，随水漂去。但是把人的心灵带到一种崇高的境界的，却是那些"吸翠霞而天矫"的松树。它们不怕山高，把根扎在悬崖绝壁的隙缝，身子扭得像盘龙柱子，在半空展开枝叶，像是和狂风乌云争夺天日，又像是和清风白云游戏。有的松树望穿秋水，不见你来，独自上到高处，斜着身子张望。有的松树像一顶墨绿大伞，支开了等你。有的松树自得其乐，显出一副潇洒的模样。

30. 汉字"芊""涧""隙"的声母能和（　）相拼。
　　①齐齿呼　　　②开口呼　　　③撮口呼　　　④合口呼
　　A. ①③　　　　B. ②④　　　　C. ①②④　　　D. ②③④

31. "丢"的调号标注在：（　）
　　A. 韵头　　　　B. 韵腹　　　　C. 韵尾　　　　D. 韵部

32. 句（1）中作为说话者预设的是：（　）
　　A. 山峡回环曲折
　　B. 南天门应该接近了
　　C. 我们开始走上攀登泰山主峰的盘道
　　D. 野花野草，什么形状也有，什么颜色也有

33. 整段文字运用的修辞手法有：（　）

    A. 引用　比喻　夸张　排比　　　　B. 引用　比喻　拟人　排比

    C. 拟物　对偶　反复　夸张　　　　D. 比喻　拟人　夸张　对比

第 34—38 题

> 今年寒假我没回国。（1）王明邀请我去他家过春节。除夕那天下午，我来到了王明家。到他家时，王明的爸爸正在写春联呢。王叔叔告诉我，春节的时候，家家户户都要在门上贴一副大红的春联，为节日增加气氛。王叔叔写完，（2）我就把春联贴到了门上。（3）王明一看我贴的春联就乐了："老先生，（4）您把春联贴反了。上联应该贴在右边，下联才贴在左边呢。"真没想到，贴春联还有这么多学问。

34. 从句式的角度看，句（1）属于：（　）

    A. 连动句　　　B. 存现句　　　C. 兼语句　　　D. 祈使句

35. 下列关于"正""在"的说法错误的是：（　）

    A. "正"和"在"都是时间副词，可作状语

    B. "正"强调动作恰巧或正在发生，"在"强调动作持续

    C. "在"能用于过去时态，且后面可跟介词"从"

    D. "正"和"在"后都可以和语气词"呢"搭配

36. 下列关于"把"字句的说法正确的是：（　）

    A. 否定词只能出现在"把"字结构之前

    B. "把"字句的动词可以选用感受动词

    C. 可能补语能跟在"把"字句的动词后面

    D. "把"的宾语一般是不定指的

37. 紧缩复句（3）中的"一……就……"表示（　）关系。

    A. 让步　　　B. 承接　　　C. 条件　　　D. 递进

38. 与句（4）中补语的语义指向一致的是：（　）

    A. 他喝**醉**了酒　　　　　　B. 我学**会**了滑雪

    C. 我看**完**了《红楼梦》　　D. 他一连发出**界**两个球

第 39—43 题

> 王老师在教学日志中记录下了班上同学的特点：
>
> 山　本：喜欢与人交往，在语言学习中喜欢在交际情景中练习语言，课堂参与积极性也较高，容易受到教师、同学的影响，且容易产生情绪波动。
>
> 麦　克：平时单独练习时口语能力还不错，一和别人交际就词不达意，磕磕巴巴说不出想表达的话来。
>
> 玛　丽：该学生是出于工具型动机来中国学习汉语的。
>
> 金妍欣：来自韩国的一位母亲，学习非常努力，但在语音方面有些欠缺。和她课后交流时发现，她有一个八岁的儿子，正在国际学校上小学，母子二人同时学习汉语，但现在儿子的水平已经远远超过了她。
>
> 安　娜：该学生善于制定学习汉语的目标和计划，能有效规划实践，经常总结错误，并能及时改正。
>
> ……

39. 山本从认知方式上应该属于：（　）

　　A. 场独立型　　B. 场依存型　　C. 审慎型　　D. 冲动型

40. 麦克出现的情况是由（　）因素引起的。

　　A. 态度　　　B. 自尊心　　　C. 焦虑　　　D. 动机

41. 下列哪一项属于工具型动机？（　）

　　A. 学好汉语能让我结识更多中国朋友

　　B. 学好汉语能让我在中国找到一份好工作

　　C. 学好汉语能让我更加自如地参加中国人的社会活动

　　D. 学好汉语能让我更好地欣赏中国文化

42. 从金妍欣母子学习汉语的情况再次证明了语言习得关键期的存在，下列说法正确的一项是：（　）

　　A. 儿童主要通过学习的方式获得语言

　　B. 针对不同的语言要素，关键期的时间不尽相同

　　C. 关键期的结束是一个时间点，不是时间段

　　D. 关键期是大脑语言功能向右侧化的时期

43. 学生安娜运用了哪种学习策略？（　）

　　A. 精细加工策略　　B. 社会策略　　C. 元认知策略　　D. 情感策略

第 44－46 题

大　卫：师傅，我买啤酒。

售货员：你买几瓶？

大　卫：多少钱一瓶？

售货员：三块二。

大　卫：我买两瓶，再买一瓶汽水儿。

售货员：两瓶啤酒六块四，一瓶汽水儿两块二，一共是八块六毛钱。

大　卫：给你钱。

---

44. 和量词"瓶"类别一样的量词是（　）中的量词。

　　A. 一副对联　　　B. 一些苹果　　　C. 一碗米饭　　　D. 看过两遍

45. 关于数词"二"和"两"的说法正确的是：（　）

　　A. 数数时，单说"两"

　　B. "块、毛、分"前通常用"两"

　　C. 基数词的个位数用"两"

　　D. 非计量量词前一般用"二"

46. 关于"几"说法正确的是：（　）

　　A. "你买几瓶？"中的"几"表示概数

　　B. "几"和"多少"的用法是一样的

　　C. "几"后往往不用量词，直接和名词连接使用

　　D. "你买几瓶？"中的"几"是疑问代词

第 47—50 题

零级	两种语言中相同的成分。
一级	在第一语言中分开的两个语言项目，在目的语中合成一项。
二级	在第一语言中有而目的语中没有的语言项目。
三级	目的语中有第一语言的相应项目，但在形式、分布、使用上有差异。
四级	目的语中的某个语言项目，在第一语言中没有相应的项目。
五级	第一语言中的一个语言项目到了目的语中分成两个或两个以上的项目。

47. 上述"难度等级模式"是由（　）提出的。
    A. 拉多　　　　B. 普拉克特　　　C. 科德　　　　　D. 加涅

48. 该模式主要体现第二语言习得的（　）理论。
    A. 对比分析　　B. 偏误分析　　　C. 自然习得顺序假说　　　D. 话语分析

49. 母语为英语的汉语学习者在学习（　）时属于第三等级难度。
    A. 离合词　　　B. "动词＋宾语"的语序　　C. 被动句　　D. 可能补语

50. 如果一个来自英语国家的学生说出"周末我参观了奶奶"这样的句子，说明
    母语为英语的汉语学习者遇到了难度等级为（　）级的语言点。
    A. 二　　　　　B. 三　　　　　　C. 四　　　　　D. 五

第二部分　应用能力

第 51－56 题

左边一列是汉语学习者经常出现的偏误，请从右边 A－I 中选择正确的偏误类型，其中有三个多余选项。

| 51. 可以扔石头到海里去。 |
| 52. 你不去上海吗？——不，我不去。 |
| 53. 一个中国有意义的地方。 |
| 54. 王明看小说累了。 |
| 55. 老师，你媳妇最近还好吗？ |
| 56. 我是一个星期以前来了的南京。 |

A. 词语的误代
B. 语法形式的误代
C. 句式的误代
D. 语言—语用偏误
E. 社交—语用偏误
F. 某些成分的误加
G. 成分组合的错序
H. 单个成分的错序
I. 必要成分的遗漏

51. _____
52. _____
53. _____
54. _____
55. _____
56. _____

第 57－61 题

根据教学设计环节的先后逻辑顺序，可以将教学设计流程切分为三个阶段七个环节，请在下面的流程图中安排恰当的教学环节。

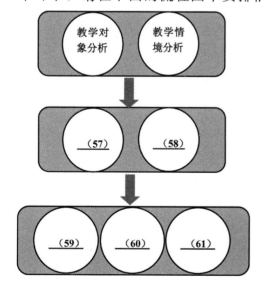

A. 教案设计
B. 学习测试
C. 课程组织
D. 教学目标制定
E. 教学评估

57. _____
58. _____
59. _____
60. _____
61. _____

杨老师在海外一所学校的初级班教汉语，明天她要给学生上新课，新课中出现的生词如下：

晚会	优美	观众	举行	舞蹈
表演	钢琴	歌迷	赞美	掌声

词汇练习：

请根据 PPT 上的图片说出今天所学的词语。

_____ _____ _____

62. 杨老师在讲解生词"歌迷"时，还给学生展示了"球迷/影迷/财迷""歌星/歌曲/歌名"等词，该方法属于词语教学中的：（　）

　　A. 比较法　　　　　B. 类聚法　　　　　C. 语素义法　　　　　D. 联想法

63. 杨老师在讲解"赞美"时，提到了它的两个近义词"表扬"和"赞扬"，它们之间最大的区别在于：（　）

　　A. 语体色彩不同　　　　　　　　B. 搭配对象不同

　　C. 词性不同　　　　　　　　　　D. 词义的范围不同

64. 词汇教学离不开例句的使用，杨老师在设计例句时不太合理的做法是：（　）

　　A. 例句的设计要符合语法规范，具有典型性

　　B. 在例句中可以融入有趣的文化知识

　　C. 要尽量选用一些书面用语作为例句

　　D. 例句中尽量使用已经学过的词语

65. 杨老师用"根据图片说出词语"的方式练习词语，这属于词汇练习中的：（　）

　　A. 感知类练习　　　　　　　　　B. 理解类练习

　　C. 记忆类练习　　　　　　　　　D. 应用类练习

66. 杨老师准备使用 PPT 进行词汇教学，下列哪种做法比较合适？（　）

　　A. 教材上的生词表要原封不动地呈现在 PPT 上

　　B. PPT 上有关词汇的图片、音频和视频越丰富越好

　　C. PPT 上展示的内容要饱满，以便学生全面理解词汇

　　D. 在翻页前要预留出一定的时间给学生做笔记

第 67－71 题

明年的春季学期，张老师将被派往澳大利亚的一所中学担任汉语教师，教授零起点汉语课程。每周两个课时，授课周共 16 周。张老师了解到澳大利亚这所中学的汉语课没有指定的教材。学生的年龄在 14 岁左右。汉语课在这所中学是一门选修课，开设汉语课的主要目的是为了培养学生对汉语学习的兴趣。

67. 对该班教学对象年龄层次的特点分析，下列说法正确的是：（ ）

    A. 在认知方面抽象思维占主导   B. 上课时注意力比较集中

    C. 在学习新知识时善于归纳总结   D. 模仿能力和记忆能力较强

68. 张老师在制定教学内容时，哪个话题不适合该水平层次的学生？（ ）

    A. 约定时间   B. 谈论旅游经历

    C. 谈论天气   D. 去餐馆点菜

69. 张老师准备选定一本教材，符合该年龄层次的认知发展特点，既有实用性又有趣味性，活动练习能穿插在每个板块，以听说为主，下列哪本教材比较适合？（ ）

    A.《新实用汉语课本》   B.《当代中文》

    C.《跟我学汉语》   D.《YCT 标准教程》

70. 张老师准备在教学中多运用教育技术，下列关于教育技术的说法错误的是：（ ）

    A. 在汉语教学中运用教育技术可以活跃课堂气氛

    B. MSN 所提供的互动式交际对语法学习比较有利

    C. 教师应该采用最先进的教育技术以提高课堂的新颖度

    D. 教育技术能为汉字教学提供便利的途径

71. 经过半个学期的教学，张老师想要通过期中考试来检查学习者的学习进展情况，该测试属于：（ ）

    A. 学能测试   B. 成绩测试

    C. 水平测试   D. 诊断测试

《清明上河图》以精致的工笔记录了北宋末年徽宗时代首都汴京的建筑和民生。该图描绘了清明时节，北宋京城汴梁以及汴河两岸的繁华景象和自然风光。作品以长卷形式，将繁杂的景物纳入统一而富于变化的画面中。构图疏密有致，注重节奏感和韵律的变化，笔墨章法都很巧妙。

72. 下列关于国画与西洋画的差异，说法错误的是：（　）

A. 中国画注重神似，是线性艺术；西洋画重形似，是板块艺术

B. 中国画极注重透视法，西洋画不注重透视法

C. 中国画不重背景，西洋画很重背景

D. 中国画题材以自然为主，西方绘画题材以人物为主

73. "文人画"也称"士大夫甲意画"，是画中带有文人情趣，画外流露着文人思想的绘画，（　）被称为文人画的始祖。

A. 顾恺之　　　　　　　　　　B. 吴道子

C. 王维　　　　　　　　　　　D. 赵孟頫

74. 下图中最能反映北宋商品经济繁荣的是：（　）

A.　　　　B.　　　　C.　　　　D.

75. 下列不可能发生在北宋的事情是：（　）

A. 服装样式繁多，有珠玉坠饰，色彩艳丽

B. 夏季可以吃冷饮

C. 在娱乐场所"瓦子"中听戏

D. 百姓住房较简陋，贵族宅第则相当宏丽

76. 宋朝时期社会地位比较高的阶层是：（　）

A. 士　　　　　　　　　　　　B. 农

C. 工　　　　　　　　　　　　D. 商

小陈：时间过得真快啊，又到周末了，想不想去哪儿玩玩？

小吴：想啊，你有什么好主意？

小陈：这两天天儿不错，咱们约几个人一起去爬山好不好？

小吴：去爬山好是好，可是玩一次好几天歇不过来，依我看不如叫几个人一起去我家打牌、吃饭。

小陈：不好，不好，我最讨厌打牌了。

小吴：那我们白天去美术馆看展览，晚上去听音乐会怎么样？

小陈：这个主意不错，就这么定了。可是，最近美术馆有什么好展览吗？还有，音乐会的票怎么办？

小吴：我们去看看再说吧。

小陈：别，为保险起见，我们最好先打个电话问问，省得白跑一趟。

77. 中级口语技能训练的重点是：（　）

　　A. 单句　　　　　　　　　　B. 复句

　　C. 比较连贯的语段　　　　　D. 阐述清晰的语篇

78. 下列哪个问题适合做本节口语课的话题导入？（　）

　　A. 你们去美术馆看过展览吗？

　　B. 口语表达中应该怎么提建议？

　　C. 你们觉得爬山和打牌哪个活动比较好？

　　D. 周末时你一般做什么？

79. 下列不太可能作为本课语言点的是：（　）

　　A. 为……起见　　　　　　　B. 主意

　　C. 过来　　　　　　　　　　D. 省得

80. 口语技能课中简单的成段表达训练不包括下列哪种练习？（　）

　　A. 连句成段　　　　　　　　B. 看图说话

　　C. 给情境造句　　　　　　　D. 复述短文

第 81—85 题

场景一：丁零零……上课了，教室里稀稀拉拉坐着几个学生，教师望着门外。
一个、两个、三个……学生们陆续回来了，教师的脸色越来越难看。

场景二：课堂上，点名请某学生回答问题，他就是不开口，即使鼓励他、引
导他，他还是表现得很冷漠。

场景三：课堂上，学生 A 一会儿回头跟学生 B 说话，一会儿推一下坐在右边
的学生 C，一会儿又提出要求："老师，我可以去卫生间吗？"

场景四：办公室里，教师和低着头的学生以及他无奈的父亲交谈："米沙，你
什么时候能够每天交作业呢？你为什么不学习呢？"

81. 课堂管理规则制定时要考虑教育对象的身心发展阶段、认知规律等因素，最
终达到预期的教育目标，这体现了课堂规则制定的（　）原则。
A. 公平性　　　　　　　　　　B. 科学性
C. 可操作性　　　　　　　　　D. 普遍性

82. 教师在制定课堂管理规则时，不需要考虑的因素是：（　）
A. 教育环境　　　　　　　　　B. 空间布置
C. 学生特点　　　　　　　　　D. 教师职责

83. 对待经常迟到的学生，下列哪种做法较为合适？（　）
A. 迟到了就站着听课　　　　　B. 迟到就给大家买好吃的
C. 迟到就给大家唱歌或讲故事　D. 迟到就加大学习力度

84. 课堂问题行为产生的原因不包括下列哪一项？（　）
A. 学生希望引起教师的关注　　B. 教学内容枯燥、难度大
C. 教室拥挤、闷热、气氛压抑　D. 教师没有鲜明的授课风格

85. 教师和中小学生家长沟通时做法不恰当的是：（　）
A. 要对孩子的性格和人品下结论以便更好地分析问题
B. 多谈论孩子行为上的问题，给出一些实际的建议
C. 多跟家长分享孩子的闪光点，不要总局限于缺点
D. 沟通时态度要诚恳、积极、乐观，不要抱怨

第 86－91 题

请根据"把"字句的难易程度，将"把"字句的教学内容归入适当的教学阶段。

A. S＋把＋O＋V＋着

B. S＋把＋O＋V＋在/到＋某处所

C. S＋把＋O＋V＋结果补语

D. S_1＋叫/让＋S_2＋把＋O＋V＋补语

E. S＋把＋O＋V＋一＋V

F. S_1＋把＋N＋V＋给＋S_2

初级阶段：

86. ＿＿＿＿＿＿　　　　87. ＿＿＿＿＿＿　　　　88. ＿＿＿＿＿＿

中级阶段：

89. ＿＿＿＿＿＿　　　　90. ＿＿＿＿＿＿

高级阶段：

91. ＿＿＿＿＿＿

江老师在美国的一所初中教授初级汉语课程，每周两课时，每课时 45 分钟，为综合课型。汉语课在该校是新开设的外语课，目前选修的学生不多。该地区的教学情境属于参与型教育文化。下周江老师要教一篇题目为《放假以后你打算做什么?》的对话。对话的具体内容、语法点以及江老师设计的部分教案见下：

放假以后你打算做什么?

对话：

小李：月底就要放暑假了，放假以后你有什么打算?

小王：下个月 12 号是我生日，我打算去南方旅行。

小李：是你生日啊，生日快乐! 你打算什么时候去?

小王：中旬以前吧。你有什么打算?

小李：下个月我有一个钢琴考试，所以我就在家里啦。

小王：这样啊? 放假也要多休息啊，别太累了!

小李：谢谢! 你玩得开心啊。

生词表：

月底	放假	暑假	以后	打算	生日	南方	旅行
快乐	时候	中旬	以前	钢琴	考试	别	开心

语法点：

时间词＋以前/以后

……

部分教案：

时间词＋以后/以前

老师导入句型：老师：你每天几点钟睡觉?

学生：九点半/十点/十点半

老师：你们九点以后睡觉，十一点以前睡觉。

学生（齐读）：我们九点以后睡觉，十一点以前睡觉。

老师：时间词放在以前/以后的前面。

给范例：

老师：放假以后我要去旅行。你们呢?

进一步进行句型操练，老师提问，学生作答：吃饭以前做什么? 起床以后做什么?

小游戏：我说"以前"，你说"以后"。

老师示范：

A 学生说："我吃饭以前……（例如：洗手）。"

B 学生说："我吃饭以后……（例如：看电视）。"A 学生先开始。

A. 学生卡片：

> 六岁以前，我……
>
> 放假以后，我打算……
>
> 考试以前，我……
>
> 旅行以后，我……

B. 学生卡片：

> 我睡觉以前……
>
> 20 岁以后，我……
>
> 学汉语以前，我……
>
> 上大学以前，我……

92. 作为初级汉语课程，教师应该把教学重点放在：（   ）

①听力　　　　②口语　　　　③阅读　　　　④写作　　　　⑤汉字

A. ①②③④⑤　　　B. ①②⑤　　　C. ①②　　　D. ③④

93. 江老师根据该教学情境，应该采用以下哪种思路来设计自己的汉语课？（   ）

A. 教学内容应偏向实用性和生动性

B. 课堂活动宜紧凑，学习范围要清楚

C. 多安排测试来检验学生的学习效果

D. 教学目标和教学强度应偏高

94. 根据该课的教学内容，恰当的课时数和课程安排是：（   ）

A. 1 课时；先生词和语法点教学，再课文理解和听说读写练习

B. 1 课时；先生词教学和听说读写练习，再语法点教学和课文理解

C. 2 课时；第一课生词教学和听说读写练习，第二课语法点教学和课文理解

D. 2 课时；第一课生词和语法点教学，第二课课文理解和听说读写练习

95. 下列生词表中的（   ）也应该放在语法点教学环节中处理。

A. 别　　　　　　　　　　B. 旅行

C. 考试　　　　　　　　　D. 快乐

96. 江老师运用了（   ）的方法来导入语言点"时间词＋以后/以前"。

A. 情景导入法　　　　　　B. 话题式导入法

C. 课文引例导入法　　　　D. 以旧带新导入法

97. 江老师在设计课堂活动时的注意点不包括：（   ）

A. 所提供的情境要适合学生的学习需求和文化背景

B. 活动设计要保证学生在该情景下有话可说

C. 课堂活动的题目和形式越新颖越好

D. 活动设计要与本课重点生词和语法联系起来

北京一日游活动设计方案

活动对象：初级班与中级班学生

活动人数：55 人

活动线路：长城—故宫—颐和园

活动时间：一天（6：00—20：00）

活动目标：参观游览北京三大著名景点，了解与其相关的历史背景知识，了解中国古典建筑风格和文化传统习俗，丰富汉语旅游知识，实践汉语语言知识，锻炼口语表达能力。

活动设想：本活动共分四个阶段实施

■**第一阶段**：了解相关信息。教师给学生播放一些有关这几个景点的纪录片；学生向已去过长城、故宫和颐和园的朋友了解这三个景点的有关信息；上网查询这三个景点的信息，熟悉文化和历史相关知识。

■**第二阶段**：把学生分成 8－10 人一组，让各组设计其认为最合适的旅游路线图和行程安排，最后让他们发表各组的推荐和评议。

■**第三阶段**：参观游览。参观三大景点，参观顺序为：长城—故宫—颐和园。

■**第四阶段**：观后讨论。学生分组讨论自己的参观感想。鼓励学生将自己拍摄的照片制作成带有中文解说词的PPT。每组推荐出最优秀的代表，在全体同学讨论会上发言，展示PPT。台下的学生在听完报告后，对照片上出现的景物进行提问，发言者进行解答，也可以请小组内的其他成员帮助。

98. 按照"多元智能"理论，材料中画线部分的做法是为了培养学生的：（　）

A. 视觉空间智能 　　　　　　B. 人际关系智能

C. 内省智能 　　　　　　　　D. 肢体运动智能

99. 在分组安排任务时应该要注意：（　）

A. 让学生自己去分配任务，老师尽量不要参与

B. 每个组都安排一个水平高一些的学生

C. 把来自同一文化背景的学生安排到一起

D. 把性格相似的学生安排到一组

100. 让学生分组搜集景点资料、设计旅游路线、采购物资的做法符合：（　）

A. 听说语言教学法 　　　　　B. 交际语言教学法

C. 任务型语言教学法 　　　　D. 全身反应语言教学法

第三部分　综合素质

本部分为情境判断题，共50题。

第101—135题，每组题目由情境及随后的若干条与情境相关的陈述构成。每条陈述都是对情境的一种反应，包括行为、判断、观点或感受等。请先阅读情境，然后根据你对情境的理解，判断你对每条陈述的认同程度，并在答题卡上填涂相应的字母，每个字母代表不同的认同程度。说明如下：

A	B	C	D	E
非常不认同	比较不认同	不确定	比较认同	非常认同

例题：

> 　　杨老师刚到悉尼的一家孔子学院工作，她的学生都是六七岁的小朋友。在同事的帮助和指导下，杨老师备好了前几堂课。第一次课的内容是向学生们介绍中国的国旗、国徽和国歌。当她在课上播放完《义勇军进行曲》之后，小朋友们都觉得这首歌非常"cool"和"powerful"，要求杨老师教他们唱，这让杨老师十分意外。

面对这种情况，如果你是杨老师，请你给出对下列陈述的认同程度：

1. 答应学生的要求会打乱自己的教学安排，而且作为新老师，开展事先没有准备的教学活动可能会力不从心。
2. 难得学生表现出了对课堂内容的强烈兴趣，应满足他们的要求，并利用这个机会，更深入地介绍中国的国旗、国徽和国歌。
3. 告诉学生之后的课会安排教唱中国国歌，课后向有经验的同事或者领导请教，听取他们的建议。
4. 给学生发放音频资料，让学生利用课余时间自行学习，这样既不打乱教学安排，又能满足他们的要求。

作答示例：若你对第1题的陈述比较不认同，则选择B；若对第2题的陈述比较认同，则选择D；若对第3题陈述非常不认同，则选择A；若对第4题陈述的认同程度介于"比较不认同"和"比较认同"之间，则选择C。各题之间互不影响。

第 101—106 题

> 宋老师在美国波特兰州立大学孔子学院任教，有一次在给学生展示一张中国公园的图片时，杰克看到一位妇女带着一个穿着开裆裤的孩子在公园散步，他非常惊诧地问宋老师："这个家长的精神是不是有问题？怎么能让孩子暴露下体呢？"安娜也接着说："我上次还看到一个穿着开裆裤的华裔男孩儿在公园里随处大小便，非常恶心！"顿时，全班同学都开始议论起来，宋老师不知道该如何收场。

面对这种情况，如果你是宋老师，请你给出对下列陈述的认同程度：

101. 这些学生故意在课堂上找茬，行为恶劣，应该严厉批评挑事儿的学生。

102. 尽量用事实说话，告诉学生现在大部分孩子都穿尿不湿，而不是开裆裤。

103. 老师要注意图片的选择是否恰当，应避免使用容易引起争议的图片。

104. 应及时跟学生解释，孩子穿开裆裤在中国是合适的，在美国是不合适的。

105. 学生讨论的话题已经偏离了教学计划，应该马上把学生的注意力拉回来。

106. 老师要极力维护中国的良好形象，告诉学生这只是个别家长的行为，大部分家长并不这样做。

第 107—112 题

> 金老师今年6月份刚到西班牙巴塞罗那孔子学院担任汉语老师。为了拉近和学生的距离，金老师经常在课后和学生沟通交流，和他们一起参加活动。前几天班里的艾琳娜感冒了，金老师给她带来了感冒药，还提醒她："多穿点，当心身体！"但让金老师大为不解的是，艾琳娜非但没有感谢她，反而很不客气地说："我怎么穿是我自己的事情，不用你告诉我。"

面对这种情况，如果你是金老师，请你给出对下列陈述的认同程度：

107. 金老师是在关心自己的学生，这是老师应有的品质，并没有什么错。

108. 金老师应该入乡随俗，学会用当地的交往方式与人相处。

109. 西方人比较独立，他们认为自己有能力处理自己的事务，不需要别人的关心和帮忙。

110. 金老师可以借此向学生说明中国人常用这样的方式表达对别人的关心，并没有恶意。

111. 这位同学性格比较古怪，不善与人交际，金老师要少和她接触。

112. 金老师最好联系一下艾琳娜的父母，提醒他们注意孩子的身体健康。

第 113—117 题

张老师在国内一所高校担任高级汉语进修班的口语老师。按照惯例，张老师会用五分钟时间让学生谈谈最近看到的有趣的新闻。托马斯提到了最近中印冲突的新闻，他还问道："老师，你们说布朗地区是中国的，但是为什么印度目前一直在越境，你们却不赶走他们？"张老师一时不知如何回答，大家也纷纷把目光投向了班里的印度学生，班级气氛有些凝重。

面对这种情况，如果你是张老师，请你给出对下列陈述的认同程度：

113. 这个问题涉及到中国的原则性问题，所以一定要和学生据理力争，表明中国一定会维护好自己的领土主权和安全利益。

114. 心平气和地向学生解释，告诉他们中国人一向爱好和平，不会随便与他国发生战争。

115. 近期中印问题比较敏感，张老师最好绕开这个话题，避免引起冲突。

116. 应该取消谈新闻的环节，以免学生说到敏感的政治问题而无法收场。

117. 先请印度学生回避一下，再和其他同学继续讨论刚才的话题。

第 118—126 题

安老师在国外的一所小学任教，该校有不少中国学生。在一次中文课上，有一个新来的中国小孩子情绪反常，甚至躺在地上，班主任管理无果。之后该学生丢下一句："我再也不要上中文课！"然后跑出了教室。其他学生一脸疑惑地望着安老师和班主任。

面对这种情况，如果你是安老师，请你给出对下列陈述的认同程度：

118. 继续上课，课后再找该学生谈心，了解情况。

119. 让班主任管理教室，自己出去找该学生。

120. 继续上课，课后直接找校长来教育该学生。

121. 继续上课，让班主任出去教育该学生。

了解情况后，安老师发现该学生情绪失常的原因是他觉得外国学生发音不标准，并且担心自己时间长了不会说标准的汉语。安老师想说服他继续上汉语课，但该学生仍有抵触心理。

面对这种情况，如果你是安老师，请你给出对下列陈述的认同程度：

122. 下次中文课给该学生布置其他中文任务。

123. 将情况和班主任说明，请班主任想办法。

124. 中文课时请他当小助教，纠正大家的发音。

125. 找出学校中的其他中国孩子和该学生聊天，消除他对于汉语发音的担忧。

126. 以后的中文课允许该学生不说话，不参与课堂。

第 127－130 题

> 李老师在外国一小学任教，住在一位曾经在该小学任教的老师家里。第二学期任务比较多，在休息室时，李老师无意中听到了老师们在说该校校长的坏话，觉得校长要求太高，而且控制欲比较强。回家后，住家问起李老师上课的情况，李老师随口说了一句最近老师们压力好像比较大，结果住家也开始向李老师吐槽她对该校校长的各种不满。一时间，李老师不知作何反应。

面对这种情况，如果你是李老师，请你给出对下列陈述的认同程度：

127. 为了和住家增进感情，和住家一起吐槽该校长。

128. 默默听住家吐槽，对于该校长不做任何评价。

129. 回到学校后告诉该校校长老师和住家吐槽学校。

130. 委婉地向住家表示自己对该校长印象不错，希望住家以后不要再说起类似的事情。

第 131－135 题

> 齐老师作为志愿者住在当地老师的家里，该住家中有两个孩子，一开始孩子和她还有些生疏，时间长了，孩子们会找齐老师一起玩，或者到她房间里玩。某天齐老师回家后，小孩子就激动地尖叫着冲进了她的房间，乱翻她桌子上的各种东西，还找出了齐老师的平板，随意地打开各种软件。齐老师第一次遇到这样的情况，一时不知所措。

面对这种情况，如果你是齐老师，请你给出对下列陈述的认同程度：

131. 毕竟自己寄人篱下，忍忍就好了。

132. 让孩子们住手，并且教育孩子不可以这么做。

133. 将该情况向住家反映，让住家对孩子进行教育。

134. 和孩子制定进入自己房间的规矩。

135. 以后不再允许孩子进入自己的房间。

第136—150题，每题由一个情境和四个与情境相关的陈述构成，每个陈述都是对这个情境的一种反应，包括行为、判断、观点或感受等。请先阅读情境，然后根据你对情境的理解，从ABCD四个陈述中选出你认为在此情境下最为合适的反应。

例题：

> 李敏在日本一所学校教汉语，刚到日本时，她选择与一位日本同事合租公寓。日本对垃圾分类有严格的要求，虽然李敏很注意垃圾的分类，但由于之前并没有这方面的经验，所以还是经常弄错，甚至导致邻居投诉，室友也多次因此事指责她，言语之间甚至认为李敏没有素质。

根据上述情境，如果你是李敏，请你给出最为合适的选择：

A. 无需多解释，自己努力学习如何处理垃圾，在不与室友和邻居发生冲突的情况下解决问题。

B. 主动向室友和邻居道歉，说明原委，并向室友寻求帮助，向她学习垃圾分类的方法。

C. 鉴于和室友以及邻居目前的关系不太好，还是尽快找中国同事合住，以便度过适应期。

D. 被室友和邻居误解太没面子了，须尽快从中国同事那里学习垃圾分类的技巧。

答案：B

第136题

> 小李今年刚被派往加拿大魁北克孔子学院担任汉语教师志愿者。刚到加拿大的第二天他就被安排了教学任务，小李有些手忙脚乱。在上课前一天，他想打印一些教学讲义和图片，但他不会使用打印机。小李想请当地的Matthew老师帮忙，但Matthew老师说正在忙没有帮助他。小李有些沮丧，他觉得自己的教学工作开展得一点儿也不顺利。

面对这种情况，如果你是小李，请你给出最为合适的选择：

A. 当地老师对我的态度很冷淡，以后还是少和他们接触为好。

B. 调整自己的教学方式，尽量不使用打印的图片和讲义。

C. 积极寻求相关人员的帮助，平时也要多学习办公设备的用法。

D. 马上和教务处老师联系，争取把课程推迟几天，给自己多点时间准备。

> 马老师在英国莫尔文圣詹姆斯私立女校担任中文老师。她的班上有 20 名学生，汉语水平参差不齐。有一次，马老师在讲"把"字句时提到了结果补语，汉语水平较低的 Ellen 同学不解地问："老师，结果补语是什么？"马老师又给大家做了一番解释，而水平较高的 Grace 同学却不满地说："这个我们早就学过了，真是浪费时间！"

面对这种情况，如果你是马老师，请你给出最为合适的选择：

A. 尽快向学校申请，将汉语水平低的学生分到其他班去。

B. 实施差异化教学，给不同水平的学生布置不同的学习任务。

C. 每天放学后把水平低的学生留下来，给他们补三个小时的课。

D. 先照顾水平高的学生，课上尽量不要解答低水平学生的问题。

第 138 题

> 秦老师在意大利马阿尔伯戈蒂国立高中担任汉语老师。她班上的 Valerio 非常好动，注意力也不集中。星期二上午是秦老师的汉语课，她发现 Valerio 在书桌下面打游戏。秦老师走过去提醒他认真上课，并且没收了他的游戏机。第二天，Valerio 的母亲怒气冲冲地来到了秦老师办公室，质问她为什么总是针对自己的孩子。秦老师发现这位家长根本就不了解孩子在学校的表现，并听信了孩子的一面之词，从而误解了自己。

面对这种情况，如果你是秦老师，请你给出最为合适的选择：

A. 拿出没收的游戏机，冷静地和家长说明学生的问题。

B. 马上联系学校保卫处人员，请闹事的家长离开办公室。

C. 告诉家长自己是在履行教师的职责，家长无权干涉。

D. Valerio 品性恶劣，家长也容易找事，以后不要管他。

第 139 题

> 潘老师在爱尔兰克朗格斯伍德中学担任汉语老师。有一天，班上的 Molly 同学拿着她的期末成绩单来到了办公室。她跟潘老师说："我认为我的成绩应该是 80 分，而不是 75 分，请您帮我修改一下分数。"潘老师拒绝了她，没想到 Molly 哭了起来，她说自己想去更好的大学学习，而这 5 分对她来说非常重要，她恳求潘老师给她提高一下分数。

面对这种情况，如果你是潘老师，请你给出最为合适的选择：

A. 如果能帮助学生去更好的大学，修改一下分数不过是举手之劳。

B. 给她看评分标准，并告诉她修改分数对其他同学是不公平的。

C. 根据该生平时的表现，表现好则给她改分，表现不好不改分。

D. 先征求教导处主任的意见，如果他们同意就给学生修改分数。

第 140 题

> 吴老师去年被派往法国卡梅尔戈兰中学担任汉语老师。每周课程结束后，吴老师都会给学生们布置一些作业。但他发现班上总有一小部分学生晚交作业，有的根本就不交作业。又到了收作业的时候，Luka 同学一脸无辜地对吴老师说："对不起，我忘记写作业了。"吴老师生气地问道："为什么你每次都忘记写作业？"全班同学哄堂大笑，Luka 倒是不以为意，还是不把作业放在心上。

面对这种情况，如果你是吴老师，请你给出最为合适的选择：

A. 制定班级规则，如果不交作业就在教室外面罚站。

B. 给学生家长发邮件，要求他们全程监督孩子写作业。

C. 根据学生的兴趣布置作业，或者适当减少作业量。

D. 不交作业是学生的损失，老师只批改上交的作业即可。

第 141 题

> 沈老师在美国史密斯菲尔德高中担任中文老师，并和当地的 Audrey 老师成了好朋友。去年圣诞节，Audrey 邀请了沈老师去她家做客。临走时，沈老师说："有空来我的公寓坐坐。"可是半年过去了，Audrey 从来没有上过门。上个月沈老师在学校碰见 Audrey 后又热情地邀请她："有空的时候来我家包饺子吃！"可是，Audrey 既没有来电话，也没有来访，沈老师很郁闷。

面对这种情况，如果你是沈老师，请你给出最为合适的选择：

A. 在美国，只有关系很好的朋友才能随意串门。

B. 向美国人提出邀请，应当约定确切的时间和地点。

C. 美国人比较独立，他们不太愿意和别人相处。

D. 邀请美国人最好通过电话联系，不要当面邀请。

第 142 题

杨老师在印度尼西亚玛琅国立大学孔子学院担任汉语老师。上周杨老师给同学们介绍了中国的美食，今天他想组织一个文化活动，让同学们一起来体验如何烹饪中国菜。为此，杨老师提前准备了鸡肉、猪肉、豆腐、花生等各类食材，还有从中国带来的调料。活动开始前五分钟，同学们陆陆续续来到了活动场地。但没想到，Henry 一看到桌上的食材就跑了出去。杨老师很惊讶，其他同学告诉他："Henry 是素食主义者。"

面对这种情况，如果你是杨老师，请你给出最为合适的选择：

A. 开展烹饪活动是没有意义的，汉语老师不应该组织此类活动。

B. 为了照顾素食主义者，教师应该只准备素食类食材。

C. 教师要在了解学生的前提下组织烹饪活动，避免不必要的矛盾。

D. 开展烹饪活动只需邀请非素食主义的同学参与即可。

第 143 题

郭老师在西班牙一所小学担任一年级汉语老师。为了增强学习的趣味性，郭老师给学生播放了一段熊猫的滑稽录像，孩子们非常喜欢。接着，郭老师告诉大家："熊猫的故乡在中国，现在世界上的熊猫很少，它们需要人类的保护。"这时候，Felicia 却举起手说："我妈妈说，因为中国人吃熊猫，所以熊猫才会越来越少。"

面对这种情况，如果你是郭老师，请你给出最为合适的选择：

A. 决不能容忍对中国的侮辱性言辞，要严厉批评 Felicia。

B. 给学生展示中国熊猫保护基地的图片，用事实来说话。

C. 课后联系 Felicia 的母亲，让她就此事写一封道歉信。

D. 暂且不讨论该问题，将学生的注意力转移到其他话题上。

第 144 题

赵老师在国外一所小学任教，在进行课堂活动时，有一名中国学生愤怒地告诉他有几位外国小孩子说中国的坏话，想请赵老师严厉批评那些外国学生。

面对这种情况，如果你是赵老师，请你给出最为合适的选择：

A. 立即走到那几位外国学生中间，告诉他们不能这么做。

B. 和该名中国学生一起，向该班班主任反映情况。

C. 安慰该中国学生，同时朝外国学生投去愤怒的眼神。

D. 在之后的中文课上给那几位外国学生"穿小鞋"。

第 145 题

何老师在国外一所高中任志愿者，主要负责关于文化主题的教学。第二学期由于中文部的一名老师离职，新雇佣的老师第三学期才能上任，于是指导老师便让何老师担任语言课的教学，以填补离职老师的空缺。第一周何老师还觉得新鲜感十足，慢慢地，何老师觉得时间不够用，而且越来越累。

面对这种情况，如果你是何老师，请你给出最为合适的选择：

A. 向指导老师反映自己压力太大，希望能减少一些课时。

B. 向孔院说明自己的工作量突然增大的情况，请孔院出面解决。

C. 减少备课时间，保证自己有充足的空余时间做自己的事情。

D. 在微信微博等平台吐槽指导老师，以缓解自身压力。

第 146 题

王老师在国外两所小学任志愿者已经半年了，主校一周一节汉语课，同时由班主任和她进行团队教学，副校两周一节汉语课，都是由她独立教学。但某个周末王老师得了感冒，嗓子有些不舒服。她想请假，但是周一在副校有 9 节中文课，如果请假，就意味着 9 个班的中文课都要泡汤，而且孩子们要再等一周才能上中文课。

面对这种情况，如果你是王老师，请你给出最为合适的选择：

A. 向指导老师请假，同时把教学计划和 PPT 发给各班老师。

B. 向指导老师请假，同时让各班老师带着学生复习上节课的内容。

C. 带病上课，课上少说话，让学生多做一些活动。

D. 多吃一些感冒药，照常去上课。

第 147 题

钱老师在国外任志愿者，某次校长给她一张某个舞蹈团的宣传单，邀请她和全校一起前去观看。钱老师出于好奇就上网搜索了一下该舞蹈团的情况，结果发现该舞蹈团和法轮功组织有密切关系，但校长热情邀请，她感到盛情难却。

面对这种情况，如果你是钱老师，请你给出最为合适的选择：

A. 装作不知道，和全校师生一起去观看。

B. 演出当天以生病为借口，不去观看。

C. 向校长说明该舞蹈团的情况，并阻拦师生前去观看。

D. 谢绝校长的邀请，同时向孔院汇报。

第 148 题

> 徐老师在国外的一所中学任志愿者。徐老师个性活泼外向，进校不久就和学生们打成一片，和各位老师的关系也很好，她自己也认为自己表现很不错。结果培训期间从孔院处得知自己的指导老师对于自己的工作非常不满意，孔院希望她认真反省自己的工作。

面对这种情况，如果你是徐老师，请你给出最为合适的选择：

A. 向孔院说明自己工作非常努力，一定是指导老师弄错了。

B. 对指导老师怀恨在心，自己都那么努力了结果却得到这样的结果。

C. 回校后，和指导老师面对面交流，了解自己哪些地方存在不足。

D. 回校收集自己工作的资料和老师们对自己的评价，一同上报孔院。

第 149 题

> 沈老师在国外某孔子学院担任志愿者，趁着学校放假，她便和其他几名同学结伴出行。在假期中途沈老师无意发现自己的好朋友李老师悄悄回国了，本想着帮李老师隐瞒，但假期最后几天有培训，李老师的飞机延误了，并没有及时赶回来。孔院老师询问大家谁知道李老师的下落，沈老师犹豫着要不要说出真相。

面对这种情况，如果你是沈老师，请你给出最为合适的选择：

A. 保持沉默，毕竟李老师是自己的好朋友。

B. 说出真相，李老师的做法应该受到惩罚。

C. 帮李老师编一个信得过的理由告诉孔院老师。

D. 劝李老师主动向孔院说明情况。

第 150 题

> 周老师在国外某男子高中任志愿者。一开始周老师还有些疑虑，毕竟自己是女老师，可能管不住青春期的男孩子。开学后，周老师发现自己很受学生的欢迎，便渐渐地放下疑虑和学生们交流，学校一些活动周老师也积极参加。但久而久之，周老师发现有些学生看自己的眼神有些奇怪，甚至会趁着问问题的时候故意靠近自己。

面对这种情况，如果你是周老师，请你给出最为合适的选择：

A. 故意和学生保持距离，减少参加活动的次数，避免尴尬。

B. 向指导老师反映该情况，加强对学生的教育。

C. 向孔院说明情况，并提出换学校的请求。

D. 可能是自己多虑了，他们毕竟是学生，不会做出什么出格的事情。

《国际汉语教师证书》考试

模拟试卷二

注 意

一、本试卷分三部分：

    1. 基础知识 50 题

    2. 应用能力 50 题

    3. 综合素质 50 题

二、请将全部试题答案用铅笔填涂到答题卡上。

三、全部考试约 155 分钟（含 5 分钟填涂答题卡时间）。

第一部分　基础知识

第 1—10 题

> 语音课朗读材料：
>
> 八百标兵奔北坡，炮兵并排北边跑，炮兵怕把标兵碰，标兵怕碰炮兵炮。
>
> 四是四，十是十，四十是四十，十四是十四。谁能说准四十、十四、四十四，就请他来试一试。
>
> 哥挎瓜筐过宽沟，赶快过沟看怪狗。光看怪狗瓜筐扣，瓜滚筐空哥怪狗。

1. 音节 bā 中的元音 "a" 为：（　　）
   A. 舌面前、低、不圆唇元音　　　　　B. 舌面央、低、不圆唇元音
   C. 舌面后、低、不圆唇元音　　　　　D. 舌面后、半高、不圆唇元音

2. "sì" 这一音节中的 "i" 为：（　　）
   A. 后、高、不圆唇舌尖元音　　　　　B. 前、高、不圆唇舌尖元音
   C. 前、高、不圆唇舌面元音　　　　　D. 前、次高、不圆唇舌面元音

3. 属于塞擦音的是哪一个？（　　）
   A. b　　　　　　B. p　　　　　　C. z　　　　　　D. g

4. 现代汉语中共有（　　）个辅音。
   A. 20　　　　　B. 21　　　　　C. 22　　　　　D. 23

5. 音素是从（　　）角度划分出来的现代汉语中最小的语音单位。
   A. 音高　　　　B. 音色　　　　C. 音强　　　　D. 音长

6. 现代汉语普通话中第三声的调值为：（　　）
   A. 315　　　　B. 214　　　　C. 215　　　　D. 314

7. 客家方言的主要代表是：（　　）
   A. 梅县话　　　B. 广州话　　　C. 福州话　　　D. 厦门话

8. 近年来出现的新词 "小公举" 的语言现象是语言的（　　）变体。
   A. 地域　　　　B. 行业　　　　C. 阶层　　　　D. 性别

9. 和 "北" 的造字方法相同的是：（　　）
   A. 燃　　　　　B. 上　　　　　C. 尖　　　　　D. 衣

10. "瓜" 的造字方法是：（　　）
    A. 象形　　　　B. 指事　　　　C. 会意　　　　D. 形声

第 11—15 题

请选出下列每组词汇所对应的词汇学术语类型，在 A－F 中进行选择，其中有一个多余选项。

11.	伶俐	参差	淋漓	惆怅
12.	猩猩	娓娓	潺潺	隆隆
13.	爸爸	妈妈	姐姐	宝宝
14.	壁画	广场	微笑	雪白
15.	出席	管家	司令	合法

11. _____
12. _____
13. _____
14. _____
15. _____

A. 述宾式复合词
B. 叠音词
C. 偏正式复合词
D. 重叠词
E. 双声词
F. 主谓式复合词

第 16—20 题

请选出下列熟语所对应的熟语类型，在 A－F 中进行选择，其中有一个多余选项。

16. 天下乌鸦一般黑
17. 哑巴吃黄连——有苦说不出
18. 既来之则安之
19. 不管三七二十一
20. 外甥打灯笼——照旧

16. _____
17. _____
18. _____
19. _____
20. _____

A. 寓意类歇后语
B. 规诫类谚语
C. 成语
D. 惯用语
E. 谐音类歇后语
F. 风土类谚语

第 21－25 题

请选出下列复句所对应的关系类型，在 A－F 中进行选择，其中有一个多余选项。

21. 流行音乐是时尚的文化，必须由年轻人去做。
22. 他不是去南京，就是去北京。
23. 外面下着小雨，咖啡厅里很冷清。
24. 他一回家就写作业。
25. 谁泄露消息，谁负责任。

21. ＿＿＿＿＿
22. ＿＿＿＿＿
23. ＿＿＿＿＿
24. ＿＿＿＿＿
25. ＿＿＿＿＿

A. 选择
B. 连贯
C. 并列
D. 因果
E. 假设
F. 转折

第 26－30 题

阅读《北京人》片段，回答第 26－30 题：

曾文彩：你逼得爹连他老人家的寿木都要拿去卖，你逼得爹——
曾　皓：（止住地）文彩！
曾思懿：（讥诮地）对了，是我逼他老人家，吃他老人家，（说着立起来）喝他老人家。成天在他老人家家里吃闲饭，一住就是四年，还带着自己的姑爷——
江　泰：（也冒了火）你放屁，我给了钱！

26. 曾思懿的一段话违反了会话合作原则中的：（　）
    A. 数量准则　　　B. 质量准则　　　C. 关联准则　　　D. 方式准则

27. 会话合作原则是由（　）提出的。
    A. 利奇　　　　B. 海姆斯　　　C. 格赖斯　　　D. 奥斯汀

28. 江泰的反应印证了言语具有（　）之效。
    A. 言内　　　　B. 言外　　　　C. 言后　　　　D. 言时

29. 留学生学习汉语，不仅要学习语言知识，还要学习交际能力。下列哪一项不属于交际能力？（　）
    A. 应答能力　　　B. 社会语言能力　　C. 交际策略能力　D. 话语能力

30. 对外汉语教学中，除了需要教授语言文化因素中的语义文化、语用文化外，还有：（　）
    A. 语法文化　　　B. 构词文化　　　C. 语构文化　　　D. 交际文化

第 31—35 题

阅读下列对话，回答第 31—35 题：

李胜：金一，你好！阿丽在哪儿？

金一：(1) 我不会，I don't know.

李胜：啊，(2) 昨天我吵他的架，我很生气！

金一：不要生气，不管它，我们去学习。你平时学习怎么样？

李胜：我学习不太好，因为我老是学习得 (3) 很马马虎虎。

金一：没关系，我以前也是，现在好多了。

李胜：是吗？你可以教我怎么学习吗？

金一：可以，没问题。

---

31. "偏误分析"这一概念，最早是由（ ）提出的。

   A．舒曼

   B．科德

   C．拉多

   D．乔姆斯基

32. 句（1）的偏误是由（ ）造成的。

   A．母语负迁移

   B．目的语知识负迁移

   C．文化因素负迁移

   D．学习策略和交际策略

33. 下列哪项还会出现类似句（2）的偏误？（ ）

   A．结婚

   B．告状

   C．帮忙

   D．生气

34. 造成句（3）偏误的原因是：（ ）

   A．迁移

   B．过度泛化

   C．简化

   D．回避

35. 对待偏误的正确态度是：（ ）

   A．偏误是偶然产生的口误或笔误，错误是具有规律性的

   B．偏误只出现在学习语言的中高级阶段

   C．教师有必要预先了解学习者的偏误及偏误来源

   D．对于偏误，要采取有错必纠的态度

关：我的护照找到了没有？

夏：没有，(1) 我找了半天也没找着，你是不是放在办公室了？

关：护照我从来不往办公室放。

夏：昨天你办完护照放在什么地方了？

关：放在我的手提包里了。

夏：你的包呢？

关：(2) 我一回家不就交给你了吗？

夏：对。(3) 我再好好找找。啊，找到了！

关：是在包里找到的吗？

夏：不是。是在你的大衣口袋里找到的。

关：啊，我忘了，是我昨天晚上放在口袋里的。

夏：快点吧，飞机快要起飞了。

36. 初级口语技能训练的重点是：（　）

　　A. 起承转合自然的语段

　　B. 复句、简短的语段

　　C. 比较连贯的语段

　　D. 阐述清晰的语篇

37. 下列哪个句子和句（2）在结构上属于一类？（　）

　　A. 弟弟一放学就往外面跑

　　B. 一到星期天，街上就挤满了人

　　C. 老师一上课他就想睡觉

　　D. 我一回家妈妈就开始做饭

38. 句（3）"好好找找"中的"好好"读音是：（　）

　　A. hǎohāo　　　　　　　　　　B. hǎohǎo

　　C. háohāo　　　　　　　　　　D. háoháo

39. 和句（1）中的"了"表达的意义相同的一项是：（　）

　　A. 听过他的话才懂了这个道理

　　B. 墙上挂了两幅照片

　　C. 她哭红了眼睛

　　D. 等会儿吃了饭去找你

40. 适合本课的拓展话题是：（　）

　　A. 存放东西　　　　　　　　　B. 旅游

　　C. 找东西　　　　　　　　　　D. 购物

第 41—45 题

> 20 世纪 40 年代后，语言学家逐步将对比分析应用于第二语言教学中来，在结构主义语言学和行为主义心理学及迁移理论的影响下，之后普拉克特提出了"难度等级模式"：
>
> 零级：两种语言中相同的成分；
>
> 一级：在第一语言中相同的成分，目的语中合成一项；
>
> 二级：第一语言中有而第二语言中没有的语言项目；
>
> 三级：第一、第二语言中都有，但形式、分布和使用有不同的项目；
>
> 四级：目的语中的某个项目，在第一语言中没有相对应的项目；
>
> 五级：第一语言中的语言项目在第二语言中分成两个或两个以上的项目。

41. 对于第一语言为英语的汉语学习者，下列哪一项属于三级难度？（ ）

    A. 学习现代汉语的声调

    B. 学习汉字

    C. 学习无标记被动句

    D. 学习有标记被动句

42. 对于第一语言为英语的汉语学习者，下列哪一项属于五级难度？（ ）

    A. 学习"把"字句

    B. 学习"参观、访问、看望"

    C. 学习"他、她、它"的语音

    D. 学习"是……的"

43. 留学生在学习汉语遇到较高级难度等级的语法项目时，可能并不一定需要的一种语言学能是：（ ）

    A. 编码解码能力

    B. 语法敏感性

    C. 强记能力

    D. 归纳能力

44. 哪项属于第二语言习得的特点？（ ）

    A. 学习的动机是培养交际能力，是一种生存发展的需要

    B. 在习得第二语言的同时一定也可以掌握语言文化知识

    C. 需要掌握语音、词汇、语法以及语用规则

    D. 习得环境都是具有"i＋1"式的照顾语言

45. 对比分析的步骤是：（ ）

    ①选择　　②对比　　③描写　　④预测

    A. ①③②④　　　　　　　　　　　B. ③①②④

    C. ③②①④　　　　　　　　　　　D. ④①③②

第 46—50 题

美国心理学家加涅曾提出八类学习：

(1) 信号学习

(2) 刺激—反应学习

(3) 连锁学习

(4) _____

(5) 辨别学习

(6) 概念学习

(7) 规则学习

(8) 解决问题的学习

46. 第 (4) 项是：（　）

A. 言语强化学习

B. 言语联想学习

C. 操作性学习

D. 策略学习

47. 概念学习中，概念可分为定义性概念和：（　）

A. 固定性概念

B. 具体概念

C. 抽象概念

D. 描述性概念

48. 刺激—反应学习是建立在（　）操作条件反射基础上的学习，如白鼠按杠杆而得到食物。

A. 华生
B. 桑代克

C. 斯金纳
D. 布鲁纳

49. "将学习到的知识运用于与最初的学习时不同的情境或范围中去"，这是加涅学习过程的（　）阶段。

A. 概括
B. 回忆

C. 获得
D. 保持

50. 加涅还曾提出 5 种学习结果分类，包括言语信息、智慧技能、（　）、态度和动作技能。

A. 信息领会
B. 综合分析

C. 认知策略
D. 心因动作

第二部分　应用能力

第 51—54 题

（1）教师带领学生熟悉布置房间需要用的目标词语：

　　床、桌子、椅子、衣柜、书架

　　冰箱、电视、花儿、画儿

　　沙发、茶几

（2）发给学生一张画着空房间的白纸，让学生将（1）中提到的所有东西，摆放到空房间里。

（3）两人一组，介绍自己布置的房间，听的人可以边听边画。

（4）画好后和对方的画进行比较，看看有什么不同，并向大家介绍两个房间不同的地方。

（5）教师进行总结，板书关键句或者学生出现错误较多的句子，并带领学生朗读正确句子。

（6）布置作业，介绍自己现在住的房间。

---

51. 这堂课适用于什么阶段的学生？（　　）

　　A. 初级水平

　　B. 中级水平

　　C. 高级水平

　　D. 无法确定

52. 下列哪项语言点适合安排在本课之前？（　　）

　　A. "被"字句

　　B. "把"字句

　　C. "了"字结构

　　D. 重动句

53. 这节课的教学设计属于：（　　）

　　A. 3P 模式

　　B. 传统型教学模式

　　C. 改良型教学模式

　　D. 任务型教学模式

54. 如果要去掉一个不必要的环节，应该是哪一个？（　　）

　　A. （2）

　　B. （3）

　　C. （4）

　　D. （5）

第 55—58 题

课程内容：学习病字旁汉字。

教学目标：熟练掌握并能写出含有"疒"的汉字。

前期准备：准备颜色各异的橡皮泥，笔画及汉字卡片。

教学过程：1. 分发橡皮泥，复习颜色表达法；

2. 捏出点、横、竖、撇、捺；

3. 按顺序组装笔画形成汉字。

布置作业：

55. 这堂课适合于什么阶段的中文学习者？（　　）

    A. 小学初级

    B. 中学初级

    C. 小学中级

    D. 中学中级

56. 书写汉字时，会调动大脑的（　　）区域。

    A. 靠近布洛卡区的语言区

    B. 靠近韦尼克区的语言区

    C. 左半球后部

    D. 右半球前部

57. 下列哪项适合作为这节课的课后作业？（　　）

    A. 书写所学汉字 5 遍

    B. 用彩泥按顺序捏出所学汉字 5 遍

    C. 边捏彩泥边写汉字 5 遍

    D. 用彩泥捏出下一课汉字

58. "瘦"的第九画是：（　　）

    A. 竖

    B. 横

    C. 横折

    D. 竖折

在一次量词语法课上，刘老师在总结时告诉学生："条"一般用于细长的物体，"张"则多用于扁平的物体，"根"多用于圆柱形……所以在使用量词时要注意对象的形状。

山　本：老师，狗不是细长的，为什么除了"一只狗"，还可以说"一条狗"呢？

爱　丽：对呀，我还见到有人用"一条牛"。牛比狗壮，为什么会是一条呢？

詹姆士：我觉得没有问题。动物的身体都算是长的。可是你们知道吗？我上次在街上看到过"一张小狗"呢！

　　　别的同学哈哈大笑，"一张狗"肯定是不对的，但是詹姆士固执己见，说那条小狗被车碾过，看起来真是扁平的，再说，量词不是可以活用吗？

李成俊：对呀，我们口语教师说过，特别饿的时候可以说"我饿成一张照片"了，那也不是人真的饿成扁平的呀。

59. 詹姆士为什么会出现这种错误？（　）

　　A. 上课没有认真听讲

　　B. 学习汉语能力不够

　　C. 过度扩展教师的讲解内容

　　D. 教师没有对量词的用法进行认知解释

60. 教师应如何解释"一张狗"？（　）

　　A. 这不是中国人的习惯用法

　　B. 这个是错的，不要再用

　　C. 量词只适用于事物的常态

　　D. 狗被压扁了也不会和纸一样薄

61. 下列哪项不能借用为动量词？（　）

　　A. 时间量词

　　B. 度量量词

　　C. 器官量词

　　D. 工具量词

62. 学习完量词后，教师当堂出题，请学生回答，这种检测方法是：（　）

　　A. 学能测试

　　B. 成绩测试

　　C. 水平测试

　　D. 诊断测试

第 63－67 题

请排列下列"把"字句基本句型的教学步骤：

> A. 展示"把"字句例句：我把花瓶放在讲台上。
>
> 　　　　　　　　　　我把门关上。
>
> B. 教师做出将花瓶放在讲台上和关上门的动作，提问学生如何描述这个动作，并将句子写在黑板上。
>
> C. 让学生根据教师的指令放置各种物品。
>
> D. 引出有标记把字句和无标记把字句，并对两者进行对比：
>
> 　　把书打开。＝打开书。
>
> 　　把书放在桌子上。
>
> E. PPT 上出示一组动作，请学生用"把"字句造句。

63. 第一步：_____

64. 第二步：_____

65. 第三步：_____

66. 第四步：_____

67. 第五步：_____

第 68－72 题

> 教学内容：数字 0－10 的表示方法
>
> 教学对象：汉语水平初级偏上的留学生
>
> 教学环节：1. 导入：提问，在你们国家怎样用手指表示数字？大家知道在中国如何用手指表示数字吗？
>
> 　　　　　2. 学习生词：齐读，点读。
>
> 　　　　　3. 练习：老师说数字，学生听指令后做动作；之后进行分组练习。

68. 这节课所采用的教学方法为：（　　）

　　A. 听说法　　　　　　　　　　B. 交际法

　　C. 全身反应法　　　　　　　　D. 视听法

69. 这种教学方法更适用于下列哪种教育？（　　）

　　A. 美国海军汉语培训课程

　　B. 美国移民儿童的英语教育

　　C. 美国移民青少年的英语教育

　　D. 美国移民中青年的英语教育

70. 这种教学法属于下列哪种教学法流派？（　　）

    A. 认知派   B. 经验派

    C. 功能派   D. 人本派

71. 和上述教学方法属于同一派别的教学法是：（　　）

    A. 自觉对比法   B. 视听法

    C. 默教法   D. 交际法

72. 下列哪项属于听说法与交际法的不同？（　　）

    A. 听说法强调语言的正确性，追求达到母语者的发音水平

    B. 交际法对于语言的结构和形式的重视超过意义

    C. 听说法允许适当用一些母语，初级阶段可以进行翻译练习

    D. 交际法以教师为中心，教师决定教学内容和顺序

第 73—78 题

    请在 A—F 选项中选出第 73—78 题所对应的纠错类型：

73. 学生：老师，我昨天不写作业。   老师：昨天你没写作业？
74. 学生：老师，昨天我不写作业。   老师：请你再说一遍。
75. 学生：老师，我昨天不写作业。   老师：你昨天不写作业？
76. 学生：老师，我昨天不写作业。   老师：大家觉得这句话说得对吗？是这样子的吗？
77. 学生：老师，我昨天不写作业。   老师：不对，应该是你昨天没写作业。
78. 学生：老师，我昨天不写作业。   老师："不"强调的是主观情况，而"没"强调客观情况。这么说，你不写作业是你故意这样子做的吗？

73. ＿＿＿＿＿＿

74. ＿＿＿＿＿＿

75. ＿＿＿＿＿＿

76. ＿＿＿＿＿＿

77. ＿＿＿＿＿＿

78. ＿＿＿＿＿＿

A. 诱导
B. 提供元语言知识
C. 重铸
D. 重复
E. 明确纠正
F. 要求澄清

（一天下午，王才看见金成汉一个人在校园里散步）

王：你怎么一个人在这儿散步？

金：我身体有点儿不舒服。

王：怪不得你脸色不太好。

金：这几天天气怪热的，(1) 晚上没睡好觉。

王：(2) 你们国家夏天不这么热吧？

金：我家住在山上，夏天不热。

王：天气预报说，今天晚上晴转阴，有小雨，最低气温20度。

金：太好了，我今晚可以睡个好觉了。

王：一年四季，我最不喜欢夏天，看来你也是。

金：不，我特别喜欢夏天，要是一年四季都是夏天就好了。

王：为什么？

金：(3) 我爸爸是做空调生意的。

79. 本课应重点讲练的语法点是：（　）

    A．怎么　　　　　　　　　　B．怪不得

    C．要是……就好了　　　　　D．怪……的

80. 句（1）中"好"在句子中的成分是：（　）

    A．谓语　　　　　　　　　　B．状语

    C．补语　　　　　　　　　　D．宾语

81. 根据本课的课文难度，教师不必抽出来进行注释的词语是：（　）

    A．脸色　　　　　　　　　　B．预报

    C．生意　　　　　　　　　　D．空调

82. 与句（2）中"吧"表达的功能相同的是：（　）

    A．好吧，我一定去。

    B．他现在赞同了吧？

    C．让他们准备去大西北吧。

    D．说吧，不好；不说吧，也不好。

83. 和句（3）中"是"表达的意义和功能不同的是：（　）

    A．她是很漂亮，可是心眼儿很坏。

    B．我们国家是发展很快，欢迎你来做客。

    C．你是学生，就应该好好学习。

    D．我们学校是全国都有名的，你不来可不要后悔。

84. 以下教师安排的活动体现"交际法"特点的是：（　）

　　A．词语替换练习

　　B．看图片提示叙述课文

　　C．根据生词造句

　　D．根据课文内容进行角色扮演

第 85－89 题

　　下列教学行为都对应了某种教学方法，请在 A－G 中进行选择，其中有一个多余选项。

85.

86. 比较句：

　　A 比 B＋形容词

　　她比我高。

　　A 比 B＋形容词＋补语

　　她比我高一点。

87. I met her near the bookshop yesterday afternoon.

　　我昨天下午在书店附近遇见了她。

	有点儿	比较
贵	这儿的东西有点儿贵。	这儿的东西比较贵。
便宜	——	这儿的东西比较便宜。

88. 教师：××昨天来了没有？

　　学生：他昨天没来。

　　教师：哦，他昨天没来。××，你昨天去哪儿了？

89. 教师：你手里拿的是什么？

　　学生：我手里拿着一支笔。（板书这个句子）

　　教师：他穿着什么衣服？

　　学生：他穿着运动衣。（板书这个句子）（板书：动词＋着）

85. _____

86. _____

87. _____

88. _____

89. _____

A．归纳法

B．演绎法

C．对比法

D．直观法

E．猜测法

F．情境导入法

王老师在国内是一位非常优秀的对外汉语教师，他的课堂富有活力，受到留学生的欢迎，教学成绩也得到学校领导的肯定。正是因为教学成绩出色，王老师被选拔到南美洲某个国家从事汉语教学。然而，到了该国以后，一向热情、开朗的王老师却郁郁寡欢，整天懒洋洋的，打不起精神，对一切事物都兴趣索然。他的课堂也没有以往欢乐的笑声了。

90. 王老师的这种状态属于：（ ）

    A. 焦躁　　　　　　　　　　　B. 抑郁

    C. 紧张　　　　　　　　　　　D. 嫉妒

91. 现代情绪心理学认为，情绪产生的关键因素是：（ ）

    A. 环境事件　　　　　　　　　B. 生理状态

    C. 认知过程　　　　　　　　　D. 智慧技能

92. 对于这种问题，王老师应采取哪种应对策略？（ ）

    A. 转移法　　　　　　　　　　B. 宣泄法

    C. 换位法　　　　　　　　　　D. 自我暗示法

设为庠、序、学、校以教之。庠者，养也；校者，教也；序者，射也。夏曰校，殷曰序，周曰庠，学则三代共之，皆所以明人伦也。

93. 这段话出自：（ ）

    A.《论语》　　　　　　　　　B.《孟子》

    C.《荀子》　　　　　　　　　D.《礼记》

94. 庠、序指的是：（ ）

    A. 教育平民子弟的乡学

    B. 培养贵族子弟的国学

    C. 学习祭礼的学校

    D. 学习音乐的学校

95. 下列哪项不属于中国的四大书院？（ ）

    A. 岳麓书院　　　　　　　　　B. 白鹿洞书院

    C. 石鼓书院　　　　　　　　　D. 应天书院

这是在郭店一号楚墓 M1 发掘出的竹简，共 804 枚，为竹质墨迹。所记载的文献大多为首次发现，被鉴定为国家一级文物。郭店楚简的文字是典型的楚国文字，具有楚系文字的特点，而且字体典雅、秀丽，是当时的书法精品。郭店楚简的发现，对于研究中国哲学、思想史、古文字学、简册制度和书法艺术等方面，都提供了可贵的资料。

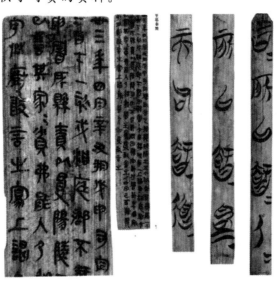

96．楚简中的道家巨著为：（ ）

    A．《易经》   B．《庄子》

    C．《老子》   D．《论语》

97．这些楚简应产生于（ ）时期。

    A．春秋   B．战国

    C．秦   D．汉

98．郭店楚墓遗址在：（ ）

    A．湖北   B．湖南

    C．河南   D．陕西

99．下列哪一项不是道家的思想？（ ）

    A．崇尚自然   B．兼爱非攻

    C．辩证法   D．道即是无

100．下列哪一项不是东晋后确立的道教三尊？（ ）

    A．元始天尊   B．灵宝天尊

    C．太平天尊   D．道德天尊

第三部分　综合素质

本部分为情境判断题，共50题。

第101—135题，每组题目由情境及随后的若干条与情境相关的陈述构成。每条陈述都是对情境的一种反应，包括行为、判断、观点或感受等。请先阅读情境，然后根据你对情境的理解，判断你对每条陈述的认同程度，并在答题卡上填涂相应的字母，每个字母代表不同的认同程度。说明如下：

A	B	C	D	E
非常不认同	比较不认同	不确定	比较认同	非常认同

例题：

> 杨老师刚到悉尼的一家孔子学院工作，她的学生都是六七岁的小朋友。在同事的帮助和指导下，杨老师备好了前几堂课。第一次课的内容是向学生们介绍中国的国旗、国徽和国歌。当她在课上播放完《义勇军进行曲》之后，小朋友们都觉得这首歌非常"cool"和"powerful"，要求杨老师教他们唱，这让杨老师十分意外。

面对这种情况，如果你是杨老师，请你给出对下列陈述的认同程度：

1. 答应学生的要求会打乱自己的教学安排，而且作为新老师，开展事先没有准备的教学活动可能会力不从心。
2. 难得学生表现出了对课堂内容的强烈兴趣，应满足他们的要求，并利用这个机会，更深入地介绍中国的国旗、国徽和国歌。
3. 告诉学生之后的课会安排教唱中国国歌，课后向有经验的同事或者领导请教，听取他们的建议。
4. 给学生发放音频资料，让学生利用课余时间自行学习，这样既不打乱教学安排，又能满足他们的要求。

作答示例：若你对第1题的陈述比较不认同，则选择B；若对第2题的陈述比较认同，则选择D；若对第3题陈述非常不认同，则选择A；若对第4题陈述的认同程度介于"比较不认同"和"比较认同"之间，则选择C。各题之间互不影响。

第 101—107 题

> 　　魏老师在美国一所中学教授高级汉语课。一次，在讲到中国的历史人物时，魏老师给学生播放了一小段影片。影片一播放完，便有学生提问，要求魏老师再详细讲解一下有关人物的事迹。这时，坐在教室后面的一名学生突然举手，表示自己可以解答刚才的问题，希望老师给他这个机会。

面对这种情况，如果你是魏老师，请你给出对下列陈述的认同程度：

101. 先肯定其主动回答问题的态度，但同时向他解释，因为不能耽误正常上课进度，可以课后大家一起讨论。

102. 请这位学生上台，暂时把讲台交给他尽情发挥。

103. 示意这位学生发言，但同时控制好时间，不宜讲太长。

> 　　魏老师示意这位举手的同学发言，但一开口，其他学生都笑了。魏老师的脸色也开始不对劲，有些后悔让他当堂发言。原来他对这个问题根本不了解，只是觉得课有些无聊，想搞恶作剧。

面对这种情况，如果你是魏老师，请你给出对下列陈述的认同程度：

104. 当场批评这位学生的恶作剧行为，并予以警告。

105. 先请他暂停发言，稳定好课堂秩序，调整心情继续上课。

106. 课后将这位学生带到办公室，进行适当的思想教育，帮助他认识到自己的错误。

107. 应该积极反思自己的教学，是否无聊无趣，从而对教学方法和内容等进行调整。

第 108—112 题

> 　　小孙刚被派到西班牙的一所小学教汉语，今天是她第一次正式给孩子们上课。小孙满怀信心，意气风发地走进教室，首先进行自我介绍，然后进入了正式的课堂教学。但是在讲课过程中，小孙发现孩子们脸上的疑惑越来越深，询问他们是否理解所讲内容也都在摇头。小孙意识到可能是学生水平与教学计划不一致，但也只能硬着头皮把第一节课上完。

面对这种情况，如果你是小孙，请你给出对下列陈述的认同程度：

108. 将下一次的上课内容简化，并适当添加游戏环节。

109. 课后找几个学生做一下测试，了解学生的真实汉语水平。

110. 对于第一节课，一般需要准备至少两套方案，随机应变。

111. 新班第一节课一般不用安排太多教学任务，作为师生摸底的基础即可。

112. 向教学主任反映问题，看是否可以调整教学计划。

第 113—117 题

> 林娜是一名对汉语教学充满激情的大学生，三个月前被派往美国做汉语志愿者。刚到美国时，她对当地的一切都感到新奇，工作之余到处游玩，生活过得有滋有味。但最近的她，情绪却有些低落，和一起工作的同事常常意见不合是一方面，另一方面，她表示自己似乎无法适应美国的生活节奏，时常感到力不从心。现在的林娜，外出的时间少了，节假日也宁可待在房间里，当初的新鲜感已不复存在。

面对这种情况，如果你是林娜，请你给出对下列陈述的认同程度：

113. 体验到"文化冲击"后，不应该逃避，而是应该积极面对，及时从阴影中走出来。
114. 多和身边的朋友交流谈心，会适当缓解焦虑不安的情绪。
115. 和同事意见不合时一方面要主张自己的观点，另一方面也要倾听别人的想法。
116. 先尝试自己调整，实在不行申请回国。
117. 向当地有经验的汉语教师寻求帮助，渡过难关。

第 118—123 题

> 张老师来到美国教汉语，遭受了很多困扰。他的中文教室隔壁是特别爱安静的 Amy 女士的课堂。她多次来抱怨张老师班级声音太大。即使张老师认为学生们已经很小声了，可她还是会不时地过来敲门提醒。张老师无法想象学生们如何能够"无声"地学会一门外语。

面对这种情况，如果你是张老师，请你给出对下列陈述的认同程度：

118. Amy 老师无理取闹，向教务主管或是校长报告情况，请他们帮忙解决。
119. 找 Amy 女士沟通，希望她理解并接受学习语言过程中必然会有声音。

> 让张老师不适应的还有自己的合作教师。这位合作教师负责每天中午送张老师回家，可是她总把这件事情推给不同的人，甚至有时候完全忘了送张老师，影响到他下午的教学，又或者让张老师在办公室一直等，等到几乎没有时间吃中饭。

面对这种情况，如果你是张老师，请你给出对下列陈述的认同程度：

120. 自己不会开车，怪不得别人，尽快考取当地驾照。
121. 把这件事报告给学校主管部门，要求换一个可靠的人按时接自己回家。
122. 和这位合作教师沟通，让她知道她的行为已经影响到了自己的教学与生活。
123. 学习了解美国人之间的相处方式，努力改进与美国同事的关系。

> 　　于老师即将开始在英国教汉语。拿到签证后，孔院工作人员就帮忙联系租房事宜，但因为种种原因没有落实下来。于老师抵达英国后，先住在一家旅馆，随后几天四处看房。最终他通过中介在学校附近租到了一套公寓。但是没想到考验接踵而至，房间晚上有时会突然断电，厨房用不了电炉而只能用烤箱做饭，去缴纳水电费弄不清手续和流程四处碰壁……于老师感到孤独无助，身体也出现了不良反应。

面对这种情况，如果你是于老师，请你给出对下列陈述的认同程度：

124. 及时向家人或者朋友倾诉，排解和发泄不良情绪。

125. 身在异乡出现不适应很正常，多和同事交流，寻求他们的帮助。

126. 希望孔院找到合适的人选暂时接替自己的教学工作，以便自己先解决好生活难题。

127. 如果身体的不良反应严重或长时间不消退，去进行心理咨询与心理治疗。

第 128—131 题

> 　　黄老师在法国教授一个混合年龄班级汉语。Peter 是班上一位 60 多岁的老爷爷。相比其他人，他的学习速度比较慢。上个月，因为生病，Peter 没来上课。身体恢复以后，Peter 又回到了课堂。可是上课时，黄老师发现他什么都听不懂；做练习时，也只能勉勉强强跟上。虽然落后了很多，但 Peter 显然没有在家复习。黄老师不想放弃他，可如果在课上单独帮他，就顾不上其他学生了。

面对这种情况，如果你是黄老师，请你给出对下列陈述的认同程度：

128. 课后找时间无偿辅导该学生。

129. 请班上汉语水平比较好的学生在课后帮助 Peter。

130. 向教务部门反映情况，把该学生调到水平低一点的班级。

131. 即使补课也很难让 Peter 跟上进度的话，那就顺其自然，让他自己慢慢跟上。

第 132—135 题

> 苏老师在国内一所大学教留学生汉语。期末的时候，班上有几个学生考试不及格，苏老师于心不忍，便通过提高平时成绩的方法让他们及格了。同一个办公室的同事知道后，觉得苏老师这样做不仅不能反映学生的真实水平，而且对别的学生也不公平。

面对这种情况，如果你是苏老师，请你给出对下列陈述的认同程度：

132. 这是自己的汉语课，所以有权决定班上学生的分数。
133. 不及格会挫伤学生学汉语的积极性，自己的做法是可以理解的。
134. 同事说得有道理，应该给这几个学生原来的分数。
135. 重新确定成绩的比重，减少期末考试所占比重。

第 136—150 题，每题由一个情境和四个与情境相关的陈述构成，每个陈述都是对这个情境的一种反应，包括行为、判断、观点或感受等。请先阅读情境，然后根据你对情境的理解，从 ABCD 四个陈述中选出你认为在此情境下最为合适的反应。

例题：

> 李敏在日本一所学校教汉语，刚到日本时，她选择与一位日本同事合租公寓。日本对垃圾分类有严格的要求，虽然李敏很注意垃圾的分类，但由于之前并没有这方面的经验，所以还是经常弄错，甚至导致邻居投诉，室友也多次因此事指责她，言语之间甚至认为李敏没有素质。

根据上述情境，如果你是李敏，请你给出最为合适的选择：

A. 无需多解释，自己努力学习如何处理垃圾，在不与室友和邻居发生冲突的情况下解决问题。
B. 主动向室友和邻居道歉，说明原委，并向室友寻求帮助，向她学习垃圾分类的方法。
C. 鉴于和室友以及邻居目前的关系不太好，还是尽快找中国同事合住，以便度过适应期。
D. 被室友和邻居误解太没面子了，须尽快从中国同事那里学习垃圾分类的技巧。

答案：B

第 136 题

小沈是一名刚到爱尔兰工作的汉语志愿者。一次，她因为突发状况迟到了五分钟，进教室的时候，学生们齐刷刷看着她，场面有些尴尬。

面对这种情况，如果你是小沈，请你给出最为合适的选择：

A. 由于已经耽误了时间，直接开始上课。

B. 道歉并解释迟到的原因，寻求学生的谅解。

C. 先上课，课后再找机会解释。

D. 为了缓解尴尬，试图找有趣的话题转移学生的注意力。

第 137 题

赵老师在国外一所小学教汉语，上课第一天就遇到了点麻烦，他准备播放视频的时候发现电脑没有声音。

面对这种情况，如果你是赵老师，请你给出最为合适的选择：

A. 自己先试着解决，让学生自己看书。

B. 立刻找有关人员协助维修，直到能正常播放。

C. 放弃使用视频，直接跳到下一部分的内容。

D. 按正常备课流程进行，自己在视频外解说，帮助学生理解。

第 138 题

小周被派往泰国当汉语志愿者，但因为不懂学生的母语，因此经常想不起学生的名字，有时候还会遇到叫错名字的尴尬。

面对这种情况，如果你是小周，请你给出最为合适的选择：

A. 和学生共同商量，起一个双方都满意的中文名。

B. 向学生说明自己的"姓名记忆困难症"，希望得到理解。

C. 自行给学生编号，如 1 号、2 号……，方便记忆。

D. 询问学生姓名的简称或昵称，降低记忆难度。

第 139 题

李明是一位在国内某大学教授汉语的男老师，由于年轻帅气，风度翩翩，最近有个女学生开始向他表达爱意。

面对这种情况，如果你是李明，请你给出最为合适的选择：

A. 假装自己已经有喜欢的人了，让她不要再有这种想法。

B. 严肃地回复你们之间只是师生关系，你也并不喜欢她。

C. 正面回应，真诚坦率地表示拒绝，说明自己的立场。

D. 不做任何回应，相信时间久了事情自然会过去。

第 140 题

> 一次，在课堂上，有学生指出中国的街道上有很多垃圾，是不是中国人都不讲卫生？

面对这种情况，如果你是任课老师，请你给出最为合适的选择：

A. 尽量回避这一问题，并试图以其他话题掩饰过去。

B. 不卑不亢地表明自己的看法，且不要在这个问题上纠缠。

C. 据理力争，告诉学生这么想是错误的。

D. 对于这样幼稚的问题大可不必回应。

第 141 题

> 吴玲在海外教了三个月的汉语，和学生相处也很融洽，唯一让她感到不便的是由于理念的不同，和同事之间经常发生摩擦。

面对这种情况，如果你是吴玲，请你给出最为合适的选择：

A. 坚信自己的教学理念是对的，坚持自己的看法。

B. 试图将自己的教学理念传达给其他人，以此减少冲突。

C. 工作中的摩擦不可避免，不用放在心上。

D. 积极寻找机会和同事们沟通讨论，互相借鉴学习，共同进步。

第 142 题

> 小丽是进修班的一名汉语老师，最近她发现，有几个学生经常在课上睡觉，影响了正常的上课秩序。

面对这种情况，如果你是小丽，请你给出最为合适的选择：

A. 直接走下讲台提醒他们。

B. 去找领导反映问题，向上级寻求处理方法。

C. 课后找他们谈话，询问原因，进行开导，同时反思是否是自己的问题。

D. 上课时故意提高音量，引起他们的注意。

第 143 题

> 徐老师在马来西亚教初级班汉语，有学生要求在课上看电影，但徐老师为了赶教学进度，一直没有答应。

面对这种情况，如果你是徐老师，请你给出最为合适的选择：

A. 只是个别学生的想法，不必给予回应。

B. 可将电影与教学结合，选取合适的片段，并且准备几个问题。

C. 听从学生的意见，答应在课堂上给他们放映一部电影。

D. 要求学生看电影后完成相应的作业，让其知难而退。

第 144 题

> 昨天王老师布置了一篇作文，原打算今天评讲，可是今天上课时发现，班上很多学生都没有按时完成。

面对这种情况，如果你是王老师，请你给出最为合适的选择：

A. 让没有做完作业的学生回家之后补好，今天先上下一课的内容。

B. 这节课暂时先不上，让没完成的学生自行写作，写完的学生则可自由支配时间。

C. 一边让没写完的同学写作，一边按原计划先给写好作文的学生进行单独点评。

D. 让学生们互相分享想法，帮助没写完的学生完成，让写完的学生自行修改作文。

第 145 题

> 小张在法国教小学生汉语，下个星期是中国的春节，她想开展一次包饺子活动让学生体验中国文化，可是，班上学生的饮食习惯可能很不一样。

面对这种情况，如果你是小张，请你给出最为合适的选择：

A. 尽量准备不同的馅儿，让学生们可以自由选择。

B. 既然是体验中国文化，就应该保持"原汁原味"。

C. 提前了解学生的饮食习惯和禁忌，做好相关准备。

D. 让学生亲自动手学习一下包饺子即可，不必安排吃饺子。

第 146 题

> 刘老师班上的一位韩国女生对武汉鸭脖表示很震惊，因为他们国家从来不吃鸭头、鸭脖等。她认为那很残忍。

面对这种情况，如果你是刘老师，请你给出最为合适的选择：

A. 同意这位女生的看法，表示吃这些确实有点儿残忍。

B. 反驳这位女生的观点，向她说明这只是饮食的差异。

C. 向这位女生列举出韩国饮食中同样让人无法接受的东西。

D. 鼓励学生进行换位思考，中立地对待不同文化间的差异。

第 147 题

> 小丽是一名新手教师，马上要去澳大利亚教幼儿园小朋友。课堂上，她不能对小朋友太严厉，也不能太温和没有规矩。

面对这种情况，如果你是小丽，请你给出最为合适的选择：

A. 小朋友们还小，需要关爱，应该尽量关心和爱护他们。

B. 小孩子的纪律观念和习惯需要从小培养，制定好规则，让他们遵守。

C. 放下教师的架子，做孩子们的好朋友，让他们愿意接受自己的管理。

D. 自己缺乏经验，不应盲目操作，课堂管理尽量交给本土合作教师。

第 148 题

> 李强在美国教汉语，学校交给他很多教学以外的任务，大大超过了他的预想。

面对这种情况，如果你是李强，请你给出最为合适的选择：

A. 自己是来教汉语的，其他任务不在职责范围内，向学校说明自己的看法。

B. 作为教师，理应承担教学以外的其他任务，尽力完成学校所给的任务。

C. 重新审视自己在这个学校的角色和职责，再结合实际情况决定是否接受。

D. 先做好教学工作，再完成这些任务，当时间或能力不够时，再向学校说明。

第 149 题

> 小夏老师的汉语课中途飞进来一只鸟，立刻引来了全班小学生的关注和骚动。

面对这种情况，如果你是小夏老师，请你给出最为合适的选择：

A. 沉默一会儿，学生们自然会意识到老师不说话了，然后安静下来。

B. 马上想办法把鸟赶出去，让学生快速回到座位继续上课。

C. 学生只是一时激动，等鸟自己飞出去就好了，不要过多干涉。

D. 调动学生的积极性，一两分钟后再提醒大家，集中注意力上课。

第 150 题

> 马老师在课堂上问一名学生一个简单的问题，可是他始终拒绝回答。

面对这种情况，如果你是马老师，请你给出最为合适的选择：

A. 当面询问他不愿意回答问题的原因，要求给出一个合理的解释。

B. 告诉这名学生应该积极参与课堂，再给他一定的等待时间。

C. 把情况立刻报告给相关的负责教师，让他来教室处理这个情况。

D. 课后再和他沟通，告诉他拒绝回答问题的态度不值得鼓励。

《国际汉语教师证书》

考　试

模拟试卷三

注　意

一、本试卷分三部分：

    1. 基础知识 50 题

    2. 应用能力 50 题

    3. 综合素质 50 题

二、请将全部答案用铅笔填涂到答题卡上。

三、全部考试约 155 分钟（含 5 分钟填涂答题卡时间）。

第一部分 基础知识

第 1－7 题

1. 从结构上来说，"喜"属于：（ ）
   A. 半包围结构　　　　　　　B. 上下结构
   C. 框架结构　　　　　　　　D. 独体字

2. "喜欢"和"喜爱"的区别主要在哪个方面？（ ）
   A. 感情色彩　　　　　　　　B. 词义轻重
   C. 词类区别　　　　　　　　D. 语体色彩

3. 关于"花费"与"开花"中的"花"，表述正确的是：（ ）
   A. 繁简关系　　　　　　　　B. 单义词
   C. 同音同形词　　　　　　　D. 多义词

4. "福"对应的造字法是：（ ）
   A. 形声字　　　　　　　　　B. 象形字
   C. 指事字　　　　　　　　　D. 会意字

5. 在教"福"字时，示范声母"f"通常使用的方法是：（ ）
   A. 气息感应法　　　　　　　B. 带音法
   C. 手势法　　　　　　　　　D. 夸张口型法

6. 现代汉语普通话中的"舌尖后、送气、清、塞擦音"写成汉语拼音是：（ ）
   A. ch　　　　　　　　　　　B. zh
   C. z　　　　　　　　　　　　D. c

7. 在汉字形体演变史上，标志汉字古今演变分水岭的是：（ ）
   A. 甲骨文　　　　　　　　　B. 隶书
   C. 楷书　　　　　　　　　　D. 金文

第 8－12 题

请选出下列短语所对应的短语类型，在 A－F 中进行选择，其中有一个多余选项。

| 8. 敲了三下 |
| 9. 举手表决 |
| 10. 绍兴黄酒 |
| 11. 行为端正 |
| 12. 理论上 |

8. _____
9. _____
10. _____
11. _____
12. _____

A. 主谓
B. 述宾
C. 方位结构
D. 偏正
E. 连谓
F. 述补

第 13－18 题

请选出下列每组词语所对应的类型，在 A－G 中进行选择，其中有一个多余选项。

13. 东西	窗户	朗读	雪白
14. 猩猩	潺潺	汹涌	惆怅
15. 阿姨	老虎	鞋子	丑化
16. 武士	而已	旌旗	如此
17. 海洛因	拷贝	基因	乌托邦
18. 偏偏	恰恰	刚刚	渐渐

13. _____
14. _____
15. _____
16. _____
17. _____
18. _____

A. 音译词
B. 联绵词
C. 古语词
D. 重叠词
E. 派生词
F. 复合词
G. 单音节词

有一天，＿＿＿＿＿叫了一声，老虎远远地逃走，认为＿＿＿＿＿＿要咬自己，非常害怕。但是老虎来来回回地观察了它好几回，觉得＿＿＿＿＿其实并没有什么特殊的本领。老虎逐渐熟悉了＿＿＿＿＿＿的叫声，就徘徊着靠近它，始终不与它搏斗。再靠近一些，老虎的态度更加亲切而不庄重，故意撞它。

＿＿＿＿＿＿非常生气，用蹄子踢老虎，于是老虎很高兴，心中盘算这件事："＿＿＿＿＿的技艺仅仅只是这样罢了！"于是跳起来大吼了一声，咬断了＿＿＿＿＿＿的喉咙，吃光了它的肉才离开。

---

19. 源于上述寓言故事的成语是：（　）

    A. 黔驴技穷　　　　　　　　B. 虎背熊腰

    C. 狐假虎威　　　　　　　　D. 为虎作伥

20. 比较"逐渐"与"逐步"，下列说法正确的是：（　）

    A. "逐渐"是有意识而又有次序的变化，"逐步"强调自然而然的变化

    B. "逐渐"强调自然而然的变化，"逐步"是有意识而又有次序的变化

    C. "逐步"可修饰形容词，"逐渐"不能

    D. "逐渐"和"逐步"均不能修饰形容词

21. "盘算"中"盘"的第五笔是：（　）

    A. 竖　　　　　　　　　　　B. 点

    C. 横　　　　　　　　　　　D. 横折

22. "始终不与它搏斗"中"始终"的词性为：（　）

    A. 连词　　　　　　　　　　B. 助词

    B. 形容词　　　　　　　　　D. 副词

23. 下列各句中与文中"吃光了它的肉才离开"的"才"意义相同的是：（　）

    A. 我才不去呢！　　　　　　B. 你怎么才来？

    C. 一共才十个。　　　　　　D. 我才从上海回来。

（1）"今天你们想吃什么？"每当妈妈问起我和爸爸，我们都会异口同声地说："随便。"就是这句"随便"，让妈妈每天都为吃什么而犯愁。现在人们的生活好了，不再像过去那样，想吃什么没什么。鱼啊，（2）肉啊，应有尽有。（3）食物丰富是丰富了，就是太丰富了反而让大家不知道如何选择。每当这时，爷爷就会回忆起以前那些艰苦的日子。

爷爷上世纪三十年代出生在东北的农村。他年轻的时候，庄稼人吃粮食都受限制，（4）一日三餐能填饱肚子、不挨饿就不错了，更别说什么营养搭配了。

24. 句（1）"今天你们想吃什么"，正确的拼音书写格式是：（　）

A．jīntiān nǐmen xiǎng chī shénme?

B．Jīntiān nǐmén xiǎng chī shén me?

C．Jīntiān nǐmen xiǎng chī shénme?

D．Jīntiān nǐmén xiǎng chī shénme?

25. 下列哪个选项与（2）处的"啊"读音相同？（　）

A．这空气多新鲜啊！　　　　　　　B．好多学生啊！

C．你倒是快走啊！　　　　　　　　D．怎么还不去啊？

26. 句（3）中"……是……，就是……"所蕴含的语义关系是：（　）

A．递进　　　　　　　　　　　　　B．选择

C．转折　　　　　　　　　　　　　D．让步

27. 句（4）中由"……，更别说……"引导的是哪一类复句？（　）

A．递进复句　　　　　　　　　　　B．条件复句

C．让步复句　　　　　　　　　　　D．假设复句

28. 从句子整体的角度说，现代汉语的语序是：（　）

A．SOV　　　　　　　　　　　　　B．SVO

C．OVS　　　　　　　　　　　　　D．VSO

【连通成语龙】

先向学生展示以下表格，并告诉学生这是一条盘旋的"成语龙"，要求学生在数字 1、2、3、4、5、6 处分别填上合适的汉字。所填的汉字应是前后两条成语所共用的。

博	古	通	1	朝	有	酒	今	朝
								2
缩	4	古	不	化	腐	朽		生
衣					为			梦
A		6	开	言	神			死
错		将		路	奇			不
根		多			花			改
盘		兵	皆	木	5	异		悔
龙								不
踞	3	怕	不	B	牛	生	初	当

29. 在表格中 A 和 B 处填入汉字，都正确的一组是：（　）

  A. 节；牍   B. 结；椟

  C. 节；犊   D. 结；犊

30. "草木皆兵"中"皆"的四呼类型是：（　）

  A. 开口呼   B. 齐齿呼

  C. 合口呼   D. 撮口呼

31. "今朝有酒"中"酒"的韵母中包含：（　）

  A. 韵头、韵尾   B. 韵腹、韵尾

  C. 韵头、韵腹   D. 韵头、韵腹、韵尾

32. 在"唯利是图"和"唯你是问"中"是"所属词类是：（　）

  A. 代词   B. 介词

  C. 副词   D. 谓词

33. "请君入瓮"和"解甲归田"两个成语的结构分别是：（　）

  A. 兼语；主谓   B. 述宾；连谓

  C. 兼语；联合   D. 兼语；连谓

以下是一位同学的写作练习：

学习光是为了成绩单吗？

……

我们并不能把学习当成光为了跨考试的门槛利用的工具。所有的知识，见识，道德等都是积累起来的。（1）复习课他们从来不去，到了考试期间才急急忙忙地打开课本，由于没想到的广泛的考试范围，不能睡觉，不得不通宵看书。这是常有的事。因为每次考试期间都是这样，身体早就都适应了。多亏通宵看遍了考试范围，得到了（2）一个满足的成绩。一考完试，学习就又忘到九霄云外去了。

我们所受到的教育都是为了成绩单吗？虽然成绩对我们很重要。在现实社会上成绩是就业必不可少的。能够证明我们的最重要的手段之一。不过又不能（3）把教育或学习接受为工具。接受为为了我们的修养，成长的台阶。所有的教育，学习并不是光为了成绩存在的，而是为了我们自己存在的。

34. 文中画线句（1）是：（ ）

    A. 存现句   B. 名词谓语句

    C. 动词谓语句   D. 主谓谓语句

35. （2）处出现的偏误，来源最有可能是：（ ）

    A. 母语负迁移   B. 目的语泛化

    C. 文化因素   D. 学习策略

36. （3）处"把教育或学习接受为工具"，存在的主要偏误是：（ ）

    A. 语序错乱   B. 搭配不当

    C. 成分遗漏   D. 成分冗余

37. 从语义上看，下列哪个选项中"把"的宾语是动作的与事？（ ）

    A. 你把这些文件整理整理。

    B. 服务员不小心把茶杯打破了。

    C. 小伙子一番话，把大娘乐得合不上嘴。

    D. 我还没有把衣服钉上扣子呢。

几朵浮云，仗着雷雨底势力，
把一天底星月都扫尽了。
一阵狂风还喊来要捉那软弱的树枝，
树枝拼命地扭来扭去，
但是无法躲避风底爪子。
凶狠的风声，悲酸的雨声——
我一壁听着，一壁想着；
假使梦这时要来找我，
我定要永远拉着他，不放他走；
还剜出我的心来送他作贺礼，
他要收我做个莫逆的朋友。
风声还在树里呻吟着，
泪痕满面的曙天白得可怕，
我的梦依然没有做成。
哦！原来真的已被我厌恶了，
假的就没他自身的尊严吗？

—— 闻一多《雨夜》

38. "几朵浮云，仗着雷雨底势力"中用了什么辞格？（ ）

    A. 比喻   B. 谐音

    C. 比拟   D. 夸张

39. "还剜出我的心来送他作贺礼"中"剜"的正确发音是：（ ）

    A. wān   B. guā

    C. wǎn   D. guǎ

40. 在"白得可怕"中，补语的类型是：（ ）

    A. 结果补语   B. 情态补语

    C. 程度补语   D. 可能补语

41. 与"厌恶"构词方式完全相同的是：（ ）

    A. 论文   B. 狂欢

    C. 教授   D. 高级

第 42－46 题

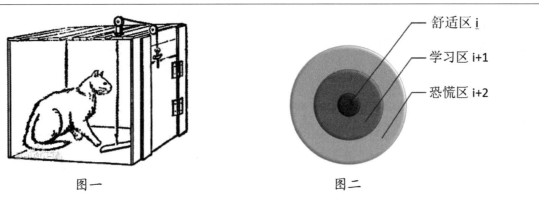

图一　　　　　　　　　图二

【图一】行为主义学习理论经典实验：将饥饿的猫禁闭于迷笼之内，饿猫可以用抓绳或按钮等三种不同的动作逃出笼外获得食物。饥饿的猫第一次被关进迷笼时，开始盲目地乱撞乱叫，东抓西咬，经过一段时间后，它完成了打开迷笼门的动作，逃出笼外。

【图二】i 代表着语言学习者目前的水平，1 表示略高于语言学习者现有水平的语言知识。如果学习者现有水平为 i，则输入的内容既不是 0（低于或接近于学习者现有的水平），也不是 2（远远超过学习者的现有水平），即如果学习者现有水平为"i"，能促进他习得的是"i＋1"的输入。

42. 设计【图一】经典实验的教育学家是：（　）
    A. 苛勒　　　　　　　　　B. 斯金纳
    C. 韩礼德　　　　　　　　D. 桑代克

43. 下列四种理论以行为主义心理学为基础的是：（　）
    A. 刺激—反应论　　　　　B. 先天论
    C. 认知论　　　　　　　　D. 语言功能论

44. 【图二】理论是由下列哪位语言学家提出的？（　）
    A. 克拉申　　　　　　　　B. 乔姆斯基
    C. 塞林克　　　　　　　　D. 科德

45. 输入假说不包括下列哪项内容？（　）
    A. 习得与学习假说　　　　B. 监控假说
    C. 自然顺序假说　　　　　D. 普遍语法假说

46. 下列第二语言教学法中，以转换生成语法理论为基础的是：（　）
    A. 认知法　　　　　　　　B. 情景法
    C. 直接法　　　　　　　　D. 听说法

```
┌─────────────────────────────────────────────────────────────┐
│   ┌ ─ ─ ─ ─ ─ ─ ─ ─ ─ ─ ─ ─ ─ ─ ─ ─ ─ ─ ─ ─ ─ ─ ─ ┐         │
│   │  ┌──────────────────────────────┐            │         │
│   │  │         智慧技能              │            │         │
│   │  └──────────────────────────────┘            │         │
│   │  ┌──────────────────────────────┐            │         │
│   │  │         认知策略              │            │         │
│   │  └──────────────────────────────┘            │         │
│   │  ┌──────────────────────────────┐            │         │
│   │  │         言语信息              │            │         │
│   │  └──────────────────────────────┘            │         │
│   └ ─ ─ ─ ─ ─ ─ ─ ─ ─ ─ ─ ─ ─ ─ ─ ─ ─ ─ ─ ─ ─ ─ ─ ┘         │
│   ┌ ─ ─ ─ ─ ─ ─ ─ ─ ─ ─ ─ ─ ─ ─ ─ ─ ─ ─ ─ ─ ─ ─ ─ ┐         │
│   │  ┌──────────────────────────────┐            │         │
│   │  │         动作技能              │            │         │
│   │  └──────────────────────────────┘            │         │
│   └ ─ ─ ─ ─ ─ ─ ─ ─ ─ ─ ─ ─ ─ ─ ─ ─ ─ ─ ─ ─ ─ ─ ─ ┘         │
│   ┌ ─ ─ ─ ─ ─ ─ ─ ─ ─ ─ ─ ─ ─ ─ ─ ─ ─ ─ ─ ─ ─ ─ ─ ┐         │
│   │  ┌──────────────────────────────┐            │         │
│   │  │          态度                │            │         │
│   │  └──────────────────────────────┘            │         │
│   └ ─ ─ ─ ─ ─ ─ ─ ─ ─ ─ ─ ─ ─ ─ ─ ─ ─ ─ ─ ─ ─ ─ ─ ┘         │
└─────────────────────────────────────────────────────────────┘
```

47. 上图代表哪位教育学家的教育理论？（　　）

　　A. 加涅　　　　　　　　　　B. 克拉申

　　C. 布鲁姆　　　　　　　　　D. 桑代克

48. "认知策略"指：（　　）

　　A. 符号记忆

　　B. 运用概念和规则办事的能力

　　C. 运用有关规则支配并提高学习、记忆能力

　　D. 习得的对人、对事、对物、对己的反应倾向

49. "将单音节联成复合音节，将单词组成句子"属于下列哪种学习？（　　）

　　A. 言语联想学习　　　　　　B. 概念学习

　　C. 原理学习　　　　　　　　D. 解决问题的学习

50. 在目的语国家，学生在文化接触过程中出现的"文化休克"发生在：（　　）

　　A. 蜜月阶段　　　　　　　　B. 挫折阶段

　　C. 调整阶段　　　　　　　　D. 适应阶段

第二部分　应用能力

第 51—56 题
　　请选出下列语法点对应的教学方法，在 A—G 中进行选择，其中有一个多余
选项。

---

51. "了"

 A1 我根本没说这句话。 A2 ＊我根本没说了这句话。

 B1 我常常吃中国饭。   B2 ＊我常常吃了中国饭。

 C1 我打算买一台电脑。 C2 ＊我打算了买一台电脑。

52. "刚才" 和 "刚"

 A1　刚才她还在这儿，现在她已经走了。

 A2　她刚走。

 B1　＊去年 9 月他刚才到北京，就认识了这位中国朋友。

 B2　去年 9 月他刚到北京，就认识了这位中国朋友。

 C1　＊我估计明天他刚才到你就得走了。

 C2　我估计明天他刚到你就得走了。

 语义比较：……

 用法比较：……

53. "居然"

 a）那个问题已经解释了两遍，我以为他清楚了，可他居然还不明白。

 b）那个问题已经解释了两遍，可他居然还不明白。

 c）那个问题我以为他清楚了，可他居然还不明白。

 d）那个问题他居然还不明白。

54. 时间状语的位置

 他昨天坐火车去上海了。

 He went to Shanghai by train yesterday.

55. "不再""再不" 和 "no longer""no more"

 他不再住这儿了。

 He is no longer living here.

56. 状语使用的训练

 a）我学习汉语。

 b）我跟玛丽一起学习汉语。

 c）我跟玛丽一起在北京大学学习汉语。

51. ＿＿＿＿＿＿
52. ＿＿＿＿＿＿
53. ＿＿＿＿＿＿
54. ＿＿＿＿＿＿
55. ＿＿＿＿＿＿
56. ＿＿＿＿＿＿

> A. 汉语内部对比
> B. 情景法
> C. 不同点对比
> D. 正误对比
> E. 紧缩式生成
> F. 扩展式生成
> G. 相同点对比

第 57—60 题

> 以下是课文部分的节选：
>
> 我教了几十年的汉语，教过很多国家的学生，其中最让我难忘的是一个韩国姑娘。她是一个非常热情、可爱而用功的学生。她喜欢汉语，也喜欢中国文化。除了上课以外，她就一直泡在图书馆看书，有时候，在图书馆一坐就是八九个小时。
>
> 后来，她的胃常常疼，而且疼得很厉害。她本来不愿意停止学习，但实在疼得忍受不了了，就决定请假回国检查一下儿，等病好了再来中国学习。但是她回国后就再也没有回来。
>
> 回韩国刚一个月她就去世了，医生说她得了癌症，是胃癌晚期。回国后，她给我打过一个电话，说："老师，我活不了多长时间了，可是我很平静，因为我一直在按照自己喜欢的方式生活。两年的中国生活给我留下了很多美好的回忆，您给我的帮助我是永远不会忘记的。谢谢您。"

57. 在讲练"实在疼得忍受不了了"的用法时，下列哪种方法最合适？（　　）

    A. 语境法   B. 下定义法

    C. 图示法   D. 翻译法

58. 下列哪个词属于 HSK 六级词汇？（　　）

    A. 癌症   B. 厉害

    C. 回忆   D. 按照

59. 第二语言教学的基本任务是培养外国学生识词、＿＿＿＿＿、选词、用词的能力。（　　）

    A. 构词   B. 写词

    C. 释词   D. 辨词

60. 下列哪项采用的是语素教学法？（　　）

    A. 从"图书馆"延伸到"体育馆""博物馆"

    B. 从"胃"延伸到"肝""心脏"

    C. 从"热情"延伸到"冷淡""冷漠"

    D. 从"平静"延伸到"平和""安静"

第 61—63 题

请从 A－E 中选出下列各题所对应的文体类型，其中有两个多余选项。

> 纪传体：纪传体史书创始于西汉司马迁的《史记》，它以人物传记为中心，用_____叙述帝王；用__61__记叙王侯封国和特殊人物；用_____统系年代、世系及人物；用"书"或__62__记载典章制度；用__63__记人物、民族及外国。历代修正史都以此为典范。

61. _____

62. _____

63. _____

> A. "世家"
> B. "列传"
> C. "志"
> D. "表"
> E. "本纪"

第 64—65 题

> 在美国人看来，不同情况下应保持不同的空间距离，可表示如下：
>
> 1. 个人距离
>   - （1.5—2.5 英尺） 低声耳语，表示一种亲密关系。
>   - （2.5—4 英尺）   室内，细语，谈论个人感兴趣的事。
> 2. 社交距离
>   - （4—7 英尺）   同事谈论公事。
>   - （7—12 英尺） 进行正式公事时来访者与主人之间的距离。
> 3. 公众距离
>   - （12—25 英尺） 传达公共信息，需要使用正式语言并注意遣词造句。
>   - （30 英尺以上） 公众领袖讲话，需要借助手势和体态并夸张吐字使得听众听清。

64. 一英尺大约是多少厘米？（　　）

A. 5 　　　　　　　　　　　　　B. 30

C. 33 　　　　　　　　　　　　D. 30.5

65. 中国与英语国家的体距观念相差很大，下列行为不合时宜的是：（　　）

A. 在拥挤的电梯中避免和周围人的视线有所接触

B. 30 英尺距离时，必须借助手势和体态，提高音量

C. 12 英尺距离以上，讲话时需要注意遣词造句

D. 在拥挤的公交车上看别人的报纸

　　编钟是中国古代汉族大型打击乐器，兴起于西周，盛于春秋战国直至秦汉。中国是制造和使用乐钟最早的国家。编钟用青铜铸成，由大小不同的扁圆钟按照音调高低的次序排列起来，悬挂在一个巨大的钟架上，用丁字形的木槌和长形的棒分别敲打铜钟，能发出不同的乐音，因为每个钟的音调不同，按照音谱敲打，可以演奏出美妙的乐曲。

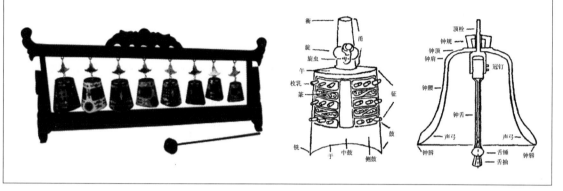

66. 五音理论是中国音乐的基本形态，中国古代乐理中"五音之主"指的是：
（　　）

A. 宫

B. 商

C. 角

D. 徵

67. "郑卫之音，乱世之音也。"下面与"郑卫之音"含义相近的是：（　　）

A. 驷马仰秣

B. 桑间濮上

C. 黄钟大吕

D. 变徵之声

68. 宋代词人大多通晓音律，北宋以白石道人为最，有名篇《扬州慢》，他是：
（　　）

A. 周邦彦

B. 朱耷

C. 姜夔

D. 范仲淹

第三十六课　我高兴得跳了起来
Lesson 36　I jumped with joy

◆　Grammar：

1. 状态补语（2）

我高兴得跳了起来。

2. 量词重叠

他们个个天真活泼。

3. 反问句（2）

你没看见通知吗？/我哪儿行啊。

4. 连……都/也……

连我都打算参加了。

◆　Key Words：

1. 各

为中国人民和世界各国人民的友谊做贡献

2. 临

每次临上台的时候

◆　Activities：

描述心情

---

69. 研究课堂上学生在"描述心情"板块中的表现，属于：（　　）

A. 语境分析

B. 话语功能分析

C. 课堂话语分析

D. 言语行为分析

70. "他们个个天真活泼"中的"个个"与"每个"的区别是：（　　）

A. 名量词重叠表示数量多，"每＋量词"带有强调语气

B. 名量词重叠表示习惯性行为，"每＋量词"带有强调语气

C. 名量词重叠带有强调语气，"每＋量词"表示习惯性行为

D. "每＋量词"表示数量多，名量词重叠表示习惯性行为

71. 教学任务设计的要素不包括：（　　）

A. 汉语教学标准与大纲

B. 学生的学习现状

C. 学生使用的教材

D. 教学环境

第 72－75 题

选用下面词语（至少 8－10 个）写一段话（100－200 字）：

Choose at least 8－10 words to write a passage with 100－200 characters.

正好　外面　猜　大声　傍晚　一……就……　合影　分别　装　赶快

兴奋　脾气　甜　盒子　扔　好玩儿　雪景

72. 上述写作题最有可能出现在哪种层次的汉语课堂？（　　）

    A. 初级阶段

    B. 中级阶段

    C. 准高级阶段

    D. 高级阶段

73. 启发导入、＿＿＿＿＿＿、＿＿＿＿＿＿、＿＿＿＿＿＿、＿＿＿＿＿＿、学生写作实践六个教学环节一般安排在汉语写作技能训练第一次课。（　　）

    A. 知识学习　范文分析　总结规则　布置任务

    B. 知识学习　布置任务　范文分析　总结规则

    C. 范文分析　知识学习　总结规则　布置任务

    D. 总结规则　范文分析　知识学习　布置任务

74. 如果训练的重点是句子间的承接关系，布置的任务最好是：（　　）

    A. 说明类短文

    B. 议论类短文

    C. 叙事类短文

    D. 抒情类短文

75. 布置写作任务时，必须提出明确要求的是：（　　）

    A. 写作时间和写作字数

    B. 写作对象和文体类型

    C. 写作字数和写作顺序

    D. 写作时间和写作技巧

昨天真倒霉，早上天气很好，但天气预报说有雷雨，妈妈让我带伞或雨衣去学校，可我看不像有雨的样子，所以，吃完早饭后，(1)什么也没带就去学校了。没想到，下午走在回家的路上，天忽然变暗了，接着，就开始下雨了。很多人像我一样，因为没有带伞，衣服被雨淋湿了。雨越下越大，我躲进一家超市，想借一把"爱心伞"，可伞已经被借光了，我只好冒雨跑回了家。回到家一看，房间的窗户被风吹开了，(2)还好，桌上的书和词典只湿了一点儿。这时，妈妈也下班回来了，因为没听她的话淋了雨，我又被妈妈批评了一顿。妈妈让我马上洗一个热水澡，防止感冒。我边洗边想，天气预报还真准，看来，以后得相信天气预报了。

76. 初级阶段综合课新课教学环节主要包括下列哪几个部分？（　）
    A. 生词讲练、语言点讲练、课文讲练
    B. 新课导入、生词讲练、语言点讲练、课文讲练
    C. 复习、新课导入、生词讲练、语言点讲练、课文讲练
    D. 新课导入、生词讲练、语言点讲练、课文讲练、布置作业

77. 下列哪项不属于初级阶段生词讲练的基本步骤？（　）
    A. 听写生词　　　　　　　　B. 生词扩展练习
    C. 朗读生词　　　　　　　　D. 语素组词练习

78. (1) 处"什么"属于疑问代词哪项特殊用法？（　）
    A. 任指　　　　　　　　　　B. 虚指
    C. 指示　　　　　　　　　　D. 询问

79. 根据本课课文难度，教师不必抽出来进行解释的是：（　）
    A. 昨天　　　　　　　　　　B. 倒霉
    C. 防止　　　　　　　　　　D. 接着

80. (2) 处蕴含的语义关系是：（　）
    A. 判断　　　　　　　　　　B. 转折
    C. 假设　　　　　　　　　　D. 让步

【课前准备·案例一】

老师：你叫什么名字？

学生：我叫杰克。

老师：你好，杰克。（问玛丽）你呢？

学生：我叫玛丽。

老师：哦，你叫玛丽。（做手势向着彼得）

学生：我叫彼得。

……

【课前准备·案例二】

老师：你叫什么名字？

学生：我叫杰克。

老师：你叫什么名字？

学生：我叫玛丽。

老师：你叫什么名字？

学生：我叫彼得。

……

【操练目的词汇：时间】

设计提问：（1）你从家里来公司要多长时间？

（2）晚上你有时间吗，晚上你有空吗？

（3）下次上课的时间是（什么时候）？

补充：　（4）一时间 a very short time

一时间我不知道说什么。

---

81. 在上述两个案例中，正确的做法是：（　　）

　　A. 案例一　　　　　　　　　B. 案例二

　　C. 均正确　　　　　　　　　D. 均不正确

82. （1）（2）（3）（4）四句中，哪项的设计显然不合适？（　　）

　　A. （1）　　　　　　　　　　B. （2）

　　C. （3）　　　　　　　　　　D. （4）

83. 下列关于"一时"和"一下子"的描述，正确的是：（　　）

　　A. "一时"强调动作或状态的变化快

　　B. "一下子"强调动作或状态的变化快

　　C. "一下子"只能放在动词前

　　D. "一时"和"一下子"都表示短时间内的一种情况

第 84－88 题

请排列下列"可能补语"基本句型的教学步骤。

A. 【板书】"主语＋动词＋不＋补语＋其他成分"的否定形式

老师归纳并同时说明这种格式的意义。问学生：如果是你和三个同学搬这个椅子，你们搬得动搬不动？

B. 【板书】"主语＋动词＋得＋补语＋动词＋不＋补语"正反疑问形式

老师问：这个大石头你一个人搬得动搬不动？你参加马拉松比赛后，让你马上再跑 1500 米，你跑得动跑不动？

C. 老师利用板书或投影给学生下面这些对应的句子：

我做完作业了。→作业太多，我做不完。

我看见那架飞机了。→飞机飞到云里去了，我看不见。

黑板上的字我看清楚了。→我戴了眼镜，黑板上的字我看得清楚。

让学生念左右两栏的句子，感受结构上的异同，从而总结出补语的结构形式。

D. 在要求学生完成造句之后，展示下列例句：

我爬得上去这棵树。

这棵树我爬得上去。

＊我爬得这棵树上去。

E. 【板书】"主语＋动词＋得＋补语＋其他成分"的肯定形式

说明这种格式的意义后展示例句："我们试试吧，也许打得开。"用这种方法展示其他动词充当的可能补语并进行练习，同时展示图片"听英语/进门/爬树"。

---

84. 第一步：_____
85. 第二步：_____
86. 第三步：_____
87. 第四步：_____
88. 第五步：_____

第 89－92 题

托福是由美国教育考试服务中心（ETS）举办的英语考试。

IBT 是 Internet Based Test 的缩写，即（托福）网考，也就是现在的新托福。它与旧托福最大的区别是多了个"网"，也就是通过网络，而不再是纸笔的考试。新托福考试以互联网为依托，取代了以计算机为依托的托福考试（CBT）。网考首先应用于美国、加拿大、法国、德国和意大利，托福网络考试始于 2005 年末，并于 2006 年在全世界普及。

89. 托福考试属于下列哪种语言测试种类？（   ）

    A. 学能测试

    B. 成绩测试

    C. 水平测试

    D. 诊断测试

90. 语言测试中，_____用于反映考试的结果多大程度上符合我们根据某种理论做出的预测。（   ）

    A. 表面效度

    B. 结构效度

    C. 内容效度

    D. 效标关联效度

91. 语言测试中，测试区分度是一项重要指标。一般而言，按考生分数排列，将_____最高分作为高分组。（   ）

    A. 20％

    B. 25％

    C. 27％

    D. 32％

92. 标准化语言测试的一般流程是：（   ）

    A. 设计命题、考试实施、阅卷评分、反馈调查

    B. 设计命题、考试实施、反馈调查、阅卷评分

    C. 统计分析、设计命题、考试实施、阅卷评分

    D. 设计命题、考试实施、阅卷评分、统计分析

第 93－95 题

课文学习：

①利用课后练习"根据课文回答问题"检测课文预习并回顾课文内容。回答时要求语言规范、流畅。

②用本课学到的说法从课后练习中"你们公司举办了一次新产品展示会，在展示会上，你向与会者介绍你们的新产品"和"你向客户介绍你方最具有竞争力的产品"中任选一个题目进行分角色练习，然后按小组轮流上台给大家展示。

③要求大家认真观看，与台上同学互动，及时提问指出优点和不足。

④当堂完成课后练习并订正其中的错误。

93. 课文学习②③部分的教学属于：（　　）

   A. 听说法

   B. 交际法

   C. 直接法

   D. 全身反应法

94. 进行上述课堂活动时，教师需要对下列哪项进行控制？（　　）

   A. 语言要素

   B. 情感态度

   C. 话语技巧

   D. 活动进程

95. 学生在会话过程中，回答含混啰唆，这违反了会话原则中的：（　　）

   A. 方式准则

   B. 质量准则

   C. 关联准则

   D. 数量准则

PYP Additional Language
Mandarin
Essential Agreement
We are Language Community

I am learning to be a Global Citizen.

I am learning to recognize our common humanity and shared guardianship of the planet.

I am learning to create a better and more peaceful world.

By striving to be a communicator

I am a communicator.

I share my thoughts with others.

I listen to others when they speak.

I can express my ideas by speaking, listening, reading, writing, the visual arts, the performing arts and physical education.

I know more than one language.

By showing
Respect

I show respect to myself, others, and the world around me by choosing my words carefully.

By showing
Tolerance

I am sensitive in how I communicate about differences and diversity in the world.

I am responsive to the needs of others.

By striving to be knowledgeable

I am knowledgeable.

I explore big ideas that are important.

I have found out about local and global issues.

I can use this information in my life.

I can tell you about these things.

I understand the structure of languages and how they develop.

I have experienced a wide range of literature and arts.

By showing
Curiosity

I am curious about the nature of learning about the world, its people and cultures.

I want to know more.

By showing
Enthusiasm

I enjoy learning.

I am willing to put the effort into my learning.

There are thousands of languages in the world and a smile speaks them all.

96. 上面是澳大利亚一所小学第一堂汉语课教师和学生一起制定的 Essential Agreement（课堂基本协议）。教师在教学中注意调动兴趣、理想和荣誉感而推动学生努力学习汉语的动机。这类动机是：（　）

    A. 内部动机

    B. 近景动机

    C. 外部动机

    D. 远景动机

97. 小学阶段，学生在知道"香蕉""橘子""苹果"等概念后，再学习"水果"一词，这种学习是：（　）

    A. 并列结合学习

    B. 上位学习

    C. 下位学习

    D. 分类学习

98. 在第一节课上，老师为了避免冷场，可选择的项目中不包括：（　）

    A. 学生模仿教师做自我介绍

    B. 将全班分组，进行小游戏

    C. 短时间的趣味性视频

    D. 请学生上台围绕话题演讲

99. 一个学生平时学习态度不认真，纪律懒散，但是对妈妈很孝顺。老师可采取的管理措施是：（　）

    A. 公开批评

    B. 联系家长，与其母亲多加沟通

    C. 当众表扬他："你妈妈真幸福，有你这么好的孩子。"

    D. 要求其母亲来课堂伴读一次

100. 老师发现学生学习汉语的热情不高，认为是自己的教学方式和方法不足以吸引学生，所以他不断尝试新的教学方式和方法。这是一种积极的：（　）

    A. 教师指导

    B. 教学实践

    C. 教学归因

    D. 教师期待

第三部分 综合素质

本部分为情境判断题，共50题。

第101—135题，每组题目由情境及随后的若干条与情境相关的陈述构成。每条陈述都是对情境的一种反应，包括行为、判断、观点或感受等。请先阅读情境，然后根据你对情境的理解，判断你对每条陈述的认同程度，并在答题卡上填涂相应的字母，每个字母代表不同的认同程度。说明如下：

A	B	C	D	E
非常不认同	比较不认同	不确定	比较认同	非常认同

例题：

> 杨老师刚到悉尼的一家孔子学院工作，她的学生都是六七岁的小朋友。在同事的帮助和指导下，杨老师备好了前几堂课。第一次课的内容是向学生们介绍中国的国旗、国徽和国歌。当她在课上播放完《义勇军进行曲》之后，小朋友们都觉得这首歌非常"cool"和"powerful"，要求杨老师教他们唱，这让杨老师十分意外。

面对这种情况，如果你是杨老师，请你给出对下列陈述的认同程度：

1. 答应学生的要求会打乱自己的教学安排，而且作为新老师，开展事先没有准备的教学活动可能会力不从心。

2. 难得学生表现出了对课堂内容的强烈兴趣，应满足他们的要求，并利用这个机会，更深入地介绍中国的国旗、国徽和国歌。

3. 告诉学生之后的课会安排教唱中国国歌，课后向有经验的同事或者领导请教，听取他们的建议。

4. 给学生发放音频资料，让学生利用课余时间自行学习，这样既不打乱教学安排，又能满足他们的要求。

作答示例：若你对第1题的陈述比较不认同，则选择B；若对第2题的陈述比较认同，则选择D；若对第3题陈述非常不认同，则选择A；若对第4题陈述的认同程度介于"比较不认同"和"比较认同"之间，则选择C。各题之间互不影响。

第 101－108 题

> 　　苏老师在美国的一所大学开设了汉语选修课。她所教授的班里既有美国学生，也有其他不同国家的学生，在讲授一节关于参加婚礼的课的时候，她让学生们讨论各自国家的婚恋习俗。班里一位来自阿拉伯的学生便说他们的宗教和国家允许他们娶不止一个妻子，并觉得无论是美国还是中国的男人只能娶一个妻子实在是太可怜了。这些话引起了课堂的骚动，同学们都围绕他的话题争论了起来。

面对这种情况，如果你是苏老师，请你给出对下列陈述的认同程度：

101．指出这位阿拉伯学生的这些话是对女性的不尊重，让他道歉。

102．应该尊重不同的宗教文化，维护这位阿拉伯学生。

103．鼓励学生表达与课程相关的婚俗内容，但对学生表达的具体内容不予评价。

104．宗教和情感属于个人隐私问题，及时打住学生们的争论，让他们课下自行讨论。

> 　　另一节课，课文讲到中国夫妻的日常生活，同学们又表示在中国做家务的为什么都是女人？是对女性的歧视吗？

面对这种情况，如果你是苏老师，请你给出对下列陈述的认同程度：

105．向学生解释这是中国的传统，让学生们尊重文化差异。

106．学生们思维活跃，善于发现问题，鼓励学生们探求这种现象的原因。

107．告诉学生们这是教材老旧的问题，并告诉他们现在的中国家庭里，家务都是男女平分的。

108．教材中出现的只是个例，并不是中国文化的体现，无需小题大做。

第 109－117 题

> 　　周老师刚到韩国的一家孔子学院赴任，周末时就请韩国的同事们去一家中餐馆吃饭，周老师负责点菜。菜上来后同事们在吃一道菜之前都要问周老师这是用什么做的，当得知有一道菜是猪大肠后同事们都露出了不可思议甚至有些嫌弃的表情。但周老师觉得韩国人也是吃香肠的，所以才点了这道菜。此时的周老师有些尴尬。

面对这种情况，如果你是周老师，请你给出对下列陈述的认同程度：

109．极力鼓励同事们尝试，并吃第一口做示范。

110．觉得同事们小题大做，不管他们，自己吃自己的。

111．如果同事们都不愿意尝试，就撤下这道菜，并向同事们道歉。

112. 这是自己的疏忽，因为有些中国人也并不喜欢这道菜，对同事们的行为表示理解。

113. 以韩国的一些特殊的饮食为例，希望同事们即使不爱吃，也能尊重中国的饮食文化。

> 整顿饭吃下来，周老师觉得韩国同事们并不是特别开心，对中国菜没有想象中的惊艳反应，一整桌的菜也没怎么吃，他觉得有些失望。

面对这种情况，如果你是周老师，请你给出对下列陈述的认同程度：

114. 是同事们没有欣赏水平，不懂中国菜的精髓。

115. 应该是饮食文化的差异导致的，不用放在心上。

116. 是这间餐馆的中国菜不正宗的问题，而且可能点多了，并不是中国菜的问题，并邀请同事们下回去自己那里，自己做给他们吃。

117. 回去后找其中一个同事私下征询意见，是大家真的不喜欢中国菜，还是今天自己的行为不太好。

第118—126题

> 陈老师在国内时是一名经验丰富的中学语文教师，同时也有多年的班主任工作经验，然而到了英国的一所中学任教后，却遇到了一件棘手的事。在上汉语课的时候，她看到一男一女两个学生一直在传纸条，一开始陈老师叫他们回答问题以提醒他们要注意听讲，但他们听了一段时间后又开始做小动作。这种情况已经持续了很多天了，两人的汉语成绩也一直不太好。这次陈老师终于忍无可忍，便没收了他们的纸条，并从纸条的内容知道他们正在谈恋爱。

面对这种情况，如果你是陈老师，请你给出对下列陈述的认同程度：

118. 课后把学生叫到办公室来谈话，并劝他们不要继续谈恋爱了，要认真学习。

119. 当堂批评他们不认真听讲的行为，课后再针对早恋影响学习的问题对他们进行教育。

120. 外国孩子早恋是很正常的，但要对不认真听讲的行为采取措施。

121. 课后向英国同事请教怎样处理学生的早恋问题。

122. 通知家长，让家长一起协助解决早恋问题。

第二天，陈老师被叫到了校长室，校长告诉她有学生家长投诉她侵犯孩子隐私。陈老师很震惊，然后才想起来应该是因为她昨天看了那两个学生的纸条的内容。

面对这种情况，如果你是陈老师，请你给出对下列陈述的认同程度：

123. 感到很生气，要和家长面谈，把这样做的原因告诉他们，让他们回去好好管教自己的孩子。

124. 向学生道歉，但表示课堂上不希望他们做不该做的事。

125. 联系家长道歉，并表明自己这么做的原因，希望大家一起解决这个问题。

126. 这两个学生肯定还是没有认识到自己行为的错误性，继续找他们谈话。

第 127－135 题

赵越是孔子学院汉语志愿者，这个月刚到泰国北部的一个大学赴任教汉语。为了给学生留一个好印象，赵越在第一节课之前准备了很久，什么时候做什么事，讲什么话都仔细地演练了很久，对课堂时间的把握也很有信心。然而到了上课的那一天，由于是上午第一节课，他发现学生到了上课时间也没有到齐，零零散散的。为了保证上课进度，赵越就先开始讲了起来，然而总是讲了几句就有学生进来，打断了他的上课思路。整堂课的计划都被打乱，让他觉得非常沮丧，而且有些生气。

面对这种情况，如果你是赵越，请你给出对下列陈述的认同程度：

127. 在下次课的时候，和学生们正式地立一些课堂规矩，包括迟到该怎么处理。

128. 每次上课都记下迟到学生的名字，期末的时候给他们扣分。

129. 以后等学生来得差不多了再开始上课，备课的时候灵活一些。

130. 让迟到的学生不要进来了，在外面罚站。

131. 课后和同事沟通，问他们是怎么解决学生迟到问题的。

上了几次课后，迟到现象还是很严重，在一堂课上，赵越忍不住对学生发了火，学生们都非常惊讶和不解，让赵越觉得好像是自己做错了。

面对这种情况，如果你是赵越，请你给出对下列陈述的认同程度：

132. 在泰国，发火生气是很不礼貌的行为，下次上课还是和学生们道歉吧。

133. 学生的行为是对他的不尊重，所以他也无需尊重他们。

134. 告诉学生在中国迟到的严重性，既然他们在和中国老师学汉语，就要适应中国老师的方式。

135. 还是要多了解一些泰国的风俗习惯，以后上课的时候尽量避免触及禁忌。

第 136—150 题，每题由一个情境和四个与情境相关的陈述构成，每个陈述都是对这个情境的一种反应，包括行为、判断、观点或感受等。请先阅读情境，然后根据你对情境的理解，从 ABCD 四个陈述中选出你认为在此情境下最为合适的反应。

例题：

> 李敏在日本一所学校教汉语，刚到日本时，她选择与一位日本同事合租公寓。日本对垃圾分类有严格的要求，虽然李敏很注意垃圾的分类，但由于之前并没有这方面的经验，所以还是经常弄错，甚至导致邻居投诉，室友也多次因此事指责她，言语之间甚至认为李敏没有素质。

根据上述情境，如果你是李敏，请你给出最为合适的选择：

A. 无需多解释，自己努力学习如何处理垃圾，在不与室友和邻居发生冲突的情况下解决问题。

B. 主动向室友和邻居道歉，说明原委，并向室友寻求帮助，向她学习垃圾分类的方法。

C. 鉴于和室友以及邻居目前的关系不太好，还是尽快找中国同事合住，以便度过适应期。

D. 被室友和邻居误解太没面子了，须尽快从中国同事那里学习垃圾分类的技巧。

答案：B

第 136 题

> 王老师被选拔为公派教师后带着妻子和女儿来到了日本的一家孔院教书，一家人住在学校附近的公寓里。王老师的女儿很喜欢小提琴，在国内时，每天都练习到深夜。到了日本后，在她开始练习的第一晚就有邻居来敲门，第一次见面就和王老师说他的女儿琴拉得这么好，以后一定会成为小提琴家。

面对这种情况，如果你是王老师，请你给出最为合适的选择：

A. 非常抱歉，打扰您休息了，以后我们不会在晚上练琴了。

B. 谢谢您的夸奖，快请进，我让女儿给您再拉一段。

C. 您太夸张了，她远远没有那么厉害。

D. 谢谢您的夸奖，如果您的孩子也有兴趣的话可以让他们一起学习。

第 137 题

小孙到泰国的一所大学教汉语。开始时，他和当地的老师相处得很好，但最近出现了一些问题。他发现这些老师分成了几个小帮派，最近这些老师觉得小孙人很好，都想让他加入自己的小帮派。

面对这种情况，如果你是小孙，请你给出最为合适的选择：

A. 拒绝所有的邀请，绝不加入任何帮派。

B. 选一个和自己关系最好的老师，加入他所在的帮派。

C. 向校长反映这种情况，委婉地表示不想加入这些帮派。

D. 觉得有小帮派不太好，对同事关系有影响，劝别的老师也不要再加入帮派了。

第 138 题

叶思和两位同事刚到英国教汉语时觉得英国人并没有想象中的冷漠，反而很热情，第一次和当地的老师见面时有位男老师就邀请他们吃晚饭。吃饭过程中大家都很高兴，但吃完饭后英国男老师拿着结完账的账单告诉大家一共花了多少钱，每个人又是多少钱，大家都有些意外和尴尬。

面对这种情况，如果你是叶思，请你给出最为合适的选择：

A. 问男老师不是请他们吃饭吗，为什么是 AA。

B. 赶紧掏钱付账，以后也要注意英国人的邀请。

C. 拒绝付账，并告诉男老师中国的邀请是怎样的。

D. 和男老师说这次我们不付账，下次请他吃饭。

第 139 题

陶陶在马来西亚的一所大学已经教了两个月的汉语了。这周的汉语课上，陶陶为了讲语法点，结合了中国地图。当地图出现时，学生中间开始有些骚动，有学生直接问陶陶台湾为什么在中国地图上。

面对这种情况，如果你是陶陶，请你给出最为合适的选择：

A. 告诉学生台湾就是中国的固有领土，不容驳斥。

B. 回避这个问题，开始讲别的内容。

C. 向学生道歉，表示以后不会出现这种敏感问题了。

D. 向学生表明只有"一个中国"的态度，但这个问题不需要继续讨论下去。

第 140 题

> 　　吴波作为志愿者被派往墨西哥的一所大学的孔院任教。由于吴波学习过很长时间的武术，就负责开展了中国功夫课，主要教太极。一开始上课就来了很多学生，然而学了一段时间后大家就有些抱怨，觉得老师没有教他们真的中国功夫，中国功夫学了以后不是应该像李小龙和成龙那样吗？

面对这种情况，如果你是吴波，请你给出最为合适的选择：

A. 太极确实不太能体现中国功夫的风范，还是换一种教学生。

B. 不管学生的抱怨，继续教，学生们学到后面就能体会到太极的精妙了。

C. 告诉学生们中国人其实是以和为贵的，现在的功夫主要都是用来健身。

D. 告诉学生们太极是以柔克刚，并以一些招式向学生们示范。

第 141 题

> 　　徐老师在西班牙教汉语，周末当地同事约她一起吃晚饭，徐老师提前 20 分钟就到了约会地点，然而等了很久也没看见同事们过来，直到过了约定时间 15 分钟，同事们才陆续到场。

面对这种情况，如果你是徐老师，请你给出最为合适的选择：

A. 责怪同事们来得太晚了，要注意准时。

B. 他们可能是有事情耽搁了，下回应该就不会了。

C. 向同事们询问在西班牙约会是不是要晚一些到才行。

D. 西方人都很守时，自己刚来，这绝对是同事们故意给她难堪。

第 142 题

> 　　李严刚到南非，和当地学生老师交往时出了一些问题，他无意间发现当地老师和学生背后会议论他，说他"虚伪""爱撒谎"，因为当夸奖他时他总是不愿意承认并说自己做得不是很好。

面对这种情况，如果你是李严，请你给出最为合适的选择：

A. 重新思考自己的行为，适当学习一些当地人受到夸奖的反应。

B. 这是文化差异，不必在意别国人的言论。

C. 坚决改变，从现在开始不再谦虚对待夸奖，而以真实的态度接受夸奖。

D. 谦虚是中华美德，即使在国外，自己也不能改变。

第 143 题

小张到丹麦的一家孔院教汉语，班里的一位女同学很喜欢在头上戴白花。小张在一次教颜色词的课上提及了中国的颜色文化，并且说在中国，家里有丧事的人才戴白花，课堂气氛一下子就尴尬了，那位女学生好像也很生气。

面对这种情况，如果你是小张，请你给出最为合适的选择：

A. 告诉学生们这是文化差异，不用太在意。

B. 向学生道歉，告诉她自己并没有意识到白色在西方人眼里是纯洁的象征。

C. 和学生们解释因为这是在汉语课的课堂上，所以大家要多学习中国文化。

D. 不再说这个话题，继续自己的教学。

第 144 题

钱老师在德国教汉语的空闲时间喜欢到处走一走，有一次在公园遇到一个很可爱的德国小男孩，钱老师就想和孩子照个相。

面对这种情况，如果你是钱老师，请你给出最为合适的选择：

A. 觉得照片不会放在网上，只是自己留个念，所以就直接照。

B. 西方人很注重隐私，肯定不会同意照相，所以还是算了吧。

C. 找到孩子的父母，征询父母的意见。

D. 问孩子愿不愿意和她照相，如果愿意就可以照了。

第 145 题

小陆是在美国一家幼儿园教汉语的志愿者，这天上课的时候突然有位小朋友尿了裤子。

面对这种情况，如果你是小陆，请你给出最为合适的选择：

A. 马上帮小朋友换裤子，再打电话通知家长。

B. 打电话叫家长过来帮孩子换裤子或干脆接走孩子。

C. 与几位同事一起帮孩子换裤子，并事后马上通知家长。

D. 先打电话征询家长的意见是否给孩子换裤子，如果家长同意就在其余几位同事的监督下帮孩子换裤子。

第 146 题

> 张艳在泰国东北部的孔院教书，好几次和学生们在聊天软件上聊天时，学生们都发了"5555555"回应她的笑话或者好消息，张艳觉得有些生气。

面对这种情况，如果你是张艳，请你给出最为合适的选择：

A. 好好反省是不是自己说话的方式有问题，触及到了学生的情绪。

B. 直接问学生自己哪里做得不对，导致他们总是这么不尊重她。

C. 向泰国当地的老师请教"55555"的真正含义，确定是否真的是自己的问题。

D. 这个问题不是第一次出现，肯定自己有问题，还是向学生们道歉。

第 147 题

> 邓老师最近刚到北美一所中学的孔子课堂教汉语。周末她在商场里看中了一个衣橱，但她的车放不下这个衣橱。她想到有个当地的同事家有辆皮卡，就找这个同事帮忙，但这个同事因为要在家里陪家人所以拒绝了她。

面对这种情况，如果你是邓老师，请你给出最为合适的选择：

A. 追问同事什么时候有空能帮自己，大家是同事，他应该帮帮自己。

B. 非常生气，同事之间一点小忙都帮不了，以后还是不要和他来往了。

C. 问商场是否有配送服务，或者有没有经常合作的配送公司帮自己送衣橱。

D. 告诉同事自己人生地不熟的，只能请他帮忙，之后一定会好好感谢他。

第 148 题

> 郑文在法国教汉语时喜欢自己做饭吃，有一次，一位法国同事提起自己很喜欢中国菜，郑文就请这位老师周末到她家里吃饭。由于不知道同事爱吃什么，郑文就做了一大桌菜。同事到了以后吓了一跳，以为还有别的客人。郑文解释了一下，同事就说既然只有两个人，做这么多菜就太浪费了，很不应该。

面对这种情况，如果你是郑文，请你给出最为合适的选择：

A. 这位同事不识好人心，以后还是不要来往了。

B. 和同事解释这是中国人的待客之道，说明中国人比较热情好客。

C. 这位同事讲得有道理，告诉同事中国人就是爱面子。

D. 虽然同事讲得对，但是这么讲话有些过分了，以后要离她远一点儿。

第 149 题

叶老师做菜非常好，在意大利的孔院任教时做了一些中式的小点心带给学生们吃，然而第二天就被通知她受到了处分，因为在这所学校，给学生们吃东西是要有严格的申请程序的。

面对这种情况，如果你是叶老师，请你给出最为合适的选择：

A. 和领导申辩并请求孔院的帮助，自己是好心而且也是为了提升学生的学习热情和传播中国文化，不应该受到处分。

B. 接受处分，并认真学习当地学校的规章制度，保证以后不出现违规行为。

C. 当时学生们并没有抵触的反应，自己是不知者不罪，向学校申辩。

D. 学生们当时很高兴，请求学生的帮助，向学校反映学生的态度。

第 150 题

小董在澳大利亚的一所大学教汉语。每次看到校长时，小董都要毕恭毕敬地和校长问好，而当地同事对待校长都是十分随意，同事们有时就会调侃小董。

面对这种情况，如果你是小董，请你给出最为合适的选择：

A. 在中国，尊重领导是必要的，自己是中国人，无须特意改变。

B. 入乡随俗，坚决改变对领导的态度。

C. 这表现了中国人的奴性，在西方这个自由的国度，自己一定要改变。

D. 和同事们讨论一下这个问题，考虑自己是否需要改变。

《国际汉语教师证书》

考　试

模拟试卷四

注　意

一、本试卷分三部分：

    1. 基础知识 50 题

    2. 应用能力 50 题

    3. 综合素质 50 题

二、请将全部试题答案用铅笔填涂到答题卡上。

三、全部考试约 155 分钟（含 5 分钟填涂答题卡时间）。

第一部分 基础知识

第 1—5 题

> 李华：你最近业余时间都在干什么？
>
> 何安：我最近在学书法。
>
> 李华：书法难学吗？
>
> 何安：怎么说呢，说难也难，说不难也不难。关键要有毅力，每天练习两个小时，坚持练习一个月，基本就能把字写得很好看。

1. "最近"的词性是：（　）

   A. 副词　　　　　B. 名词　　　　　C. 形容词　　　　　D. 连词

2. "我最近在学书法。"的正确拼音是：（　）

   A. Wǒ zuìjìng zài xué shūfǎ.

   B. Wǒ zuìjìn zài xué shūfǎ.

   C. Wǒ zuìjìn zài xuéshūfǎ.

   D. Wǒ zuìjìng zài xué shūfǎ

3. "怎么说呢"属于句子中的什么成分？（　）

   A. 主语　　　　　B. 状语　　　　　C. 补语　　　　　D. 插入语

4. 下列哪项采用的是语素教学法？（　）

   A. 从"书法"延伸到"枪法""兵法"

   B. 从"难"延伸到"不难"

   C. 从"毅力"延伸到"耐力""恒心"

   D. 从"坚持"延伸到"放弃""让步"

5. 下列哪个句子中的"就"与画线句中的"就"意义和用法相同？（　）

   A. 没办法，就这么干吧！

   B. 你不让我干，我就要干！

   C. 不努力学习，就找不到好工作。

   D. 书就在桌子上，你自己去拿。

第6-12题

请选出下列每组词所对应的构词方式，在 A—H 中进行选择，其中有一个多余选项。

6.	途径	骨肉	国家	窗户
7.	地震	心慌	胆怯	口红
8.	姐姐	仅仅	刚刚	哥哥
9.	提高	延长	花束	立正
10.	参差	彷徨	蝴蝶	芙蓉
11.	主流	蜡黄	游击	新闻
12.	猩猩	姥姥	潺潺	铮铮

6. _____
7. _____
8. _____
9. _____
10. _____
11. _____
12. _____

A. 联绵词
B. 联合型
C. 主谓型
D. 重叠式
E. 中补型
F. 叠音词
G. 偏正型
H. 动宾型

第13-16题

请选出画线句子所对应的术语，在 A—E 中进行选择，其中有一个多余的选项。

（13）陈一连忙让丁处长坐下，接着又手脚利落地端上了茶。（14）他今年已经47岁了，丁处长还叫他小陈。他一开始就注意到了，丁处长叫"小陈"是有讲究的：（15）如果"陈"字带卷舌，叫成"小陈儿"，那就表明对他很满意；如果只是直接叫"小陈"，那可就不妙了，至少是认为他不成熟；而如果叫他"小陈啊"，那就意味着不冷不热。丁处长拿来的这份年度计划是他起草的第三稿。（16）前两稿丁处长都不满意，见了他就直接叫了"小陈"。

13. _____
14. _____
15. _____
16. _____

A. 因果复句
B. 转折复句
C. 假设复句
D. 条件复句
E. 连贯复句

第 17－19 题

> 偏误分析是对学习者在第二语言习得过程中所产生的偏误进行系统的分析，研究其来源，揭示学习者的中介语体系，从而了解第二语言习得的过程与规律。

17. 偏误分析的心理学基础和语言学基础分别是：（　　）
    A. 认知理论、普遍语法理论
    B. 迁移理论、普遍语法理论
    C. 迁移理论、结构主义语言学
    D. 行为主义心理学、结构主义语言学

18. 关于"失误"和"偏误"，下列叙述正确的是：（　　）
    A. 失误是操本族语的人犯的，偏误是外语学习者犯的
    B. 失误在一定程度上也反映了说话者的语言能力
    C. 失误没有规律，而偏误是有规律的
    D. 学习者一般可以发现自己的偏误并进行改正

19. 下列哪个选项不是偏误分析的步骤？（　　）
    A. 对偏误进行分类
    B. 解释偏误产生的原因
    C. 评估偏误的程度
    D. 分类后进行数据统计

第 20－23 题

请选择下列情况中偏误的来源，在 A－E 中进行选择，其中有一个多余选项。

> 20. 她到学校了，她穿了新衣服。
> 21. 赵明的练习做得很马马虎虎。
> 22. 不说"太多了，我吃不下"，而说"太多了，我不能吃"。
> 23. 那个鸡很胖。

20. ＿＿＿＿＿＿＿
21. ＿＿＿＿＿＿＿
22. ＿＿＿＿＿＿＿
23. ＿＿＿＿＿＿＿

A. 交际策略的影响
B. 目的语知识负迁移
C. 母语负迁移
D. 文化因素负迁移
E. 学习策略的影响

第 24—30 题

（美国留学生李美安在商场）

售货员：您看，(1) <u>这件黑色的是今年的最新款</u>，卖得很好，您可以试试。

李美安：(2) <u>看上去不错，那我试试吧。</u>

售货员：试衣间在那里。

李美安：这件有点儿小，不太合适，(3) <u>能不能给我换一件大一点儿的？</u>

售货员：(4) <u>黑色的这件没有大一号的了，只有灰色的了，</u>您要吗？

李美安：给我试试。这件很合身，多少钱？

售货员：325 元。

李美安：太贵了，可以打折吗？

售货员：这是今年的最新款，没有折扣。要不您看看别的款？

李美安：好吧，那我再看看。

24．"李美安"的拼音应该写为：（ ）

    A．lǐměiān   B．lǐ měiān

    C．Lǐ měi'ān   D．Lǐ Měi'ān

25．句（1）中的两个"的"功能是否相同？（ ）

    A．相同，构成"的"字短语

    B．相同，充当定语标志

    C．不同，前者充当定语标志，后者构成"的"字短语

    D．不同，前者构成"的"字短语，后者充当定语标志

26．和汉字"有"结构相同的字是：（ ）

    A．能   B．们

    C．事   D．这

27．句（2）中所包含的"吧"字句的作用是：（ ）

    A．表示建议   B．表示同意

    C．表示请求   D．表示命令

28．句（3）中的两个"一"分别读为：（ ）

    A．阴平　轻声   B．阳平　轻声

    C．阴平　阴平   D．阳平　阴平

29．对于课文中语法点的讲解，不适合采用的教学法是：（ ）

    A．演绎法   B．引导性的发现法

    C．归纳法   D．语法翻译法

30. 句（4）中的两个"了"分别表示的意义是：（ ）

    A. 时态助词"了$_1$"   语气助词"了$_2$"

    B. 语气助词"了$_2$"   时态助词"了$_1$"

    C. 时态助词"了$_1$"   时态助词"了$_1$"

    D. 语气助词"了$_2$"   语气助词"了$_2$"

第 31—36 题

> 胖嫂结婚一年，就生了一个胖儿子，日子过得很开心。
>
> 一天，她丈夫出去了。晚上，胖嫂一个人哄着孩子睡觉。忽然有人敲门。原来她妈妈病了，让她快些回去。胖嫂急得不得了，(1) 她马上抱起孩子就走。那天晚上没有月亮，胖嫂走着走着就走进了西瓜地。(2) 她被绊了一跤，孩子也被摔到了地上。她连忙爬起来，抱起孩子就走。(3) 到了娘家才发现她手里抱的并不是孩子，而是一个西瓜。她急忙点上灯，到瓜地里找孩子，可是找了半天只找到了一个枕头。她急得又从原路找回家去，进屋一看，发现孩子在床上睡得正香呢。

31. 汉字"爬"是什么结构？（ ）

    A. 半包围结构   B. 左右结构

    C. 左中右结构   D. 对称结构

32. 句（1）所对应的复句类型是：（ ）

    A. 递进复句   B. 目的复句

    C. 条件复句   D. 连贯复句

33. 和"胖"字第七笔笔画相同的汉字是：（ ）

    A. 妈   B. 跤   C. 哄   D. 急

34. 关于句（2）的说法，正确的是：（ ）

    A. 前后两个分句是因果关系   B. 前后两个分句是并列关系

    C. 前后两个分句是递进关系   D. 前后两个分句是连贯关系

35. 句（3）中的"发现"不能替换为"发觉"的主要原因是：（ ）

    A. 前者后面可以直接加句子，后者不行

    B. 前者后面不能直接加句子，后者可以

    C. 前者是通过视觉得到的，后者是通过心理感觉得到的

    D. 前者是通过心理感觉得到的，后者是通过视觉得到的

36. "就生了一个胖儿子"中，有几个零声母音节？（ ）

    A. 1个   B. 2个   C. 3个   D. 没有

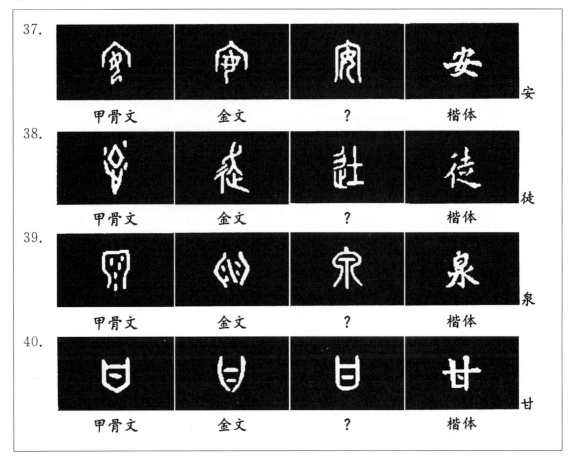

请选出上面汉字所对应的造字法，在 A－F 中进行选择，其中有两个多余选项。

37. _____

38. _____

39. _____

40. _____

A.	象形字
B.	指事字
C.	会意字
D.	形声字
E.	转注字
F.	假借字

41. 上图中带"?"的四个字是什么字体？（　）

　　A. 小篆　　　　　B. 隶书　　　　　C. 行书　　　　　D. 草书

42. 下列哪个词中的"甘"的义项与其他的不一样？（　）

　　A. 甘甜　　　　　B. 甘苦　　　　　C. 甘霖　　　　　D. 甘愿

43. 下列成语中的"安"是别字的是：（　）

　　A. 安居乐业　　　B. 安兵不动　　　C. 坐立不安　　　D. 安步当车

44. 下列哪项带"泉"的词语具有引申义？（　）

　　A. 泉下　　　　　B. 泉眼　　　　　C. 泉城　　　　　D. 温泉

那天早上，我走在上班的路上，突然下起雨来，而且下得挺大的。真后悔没听天气预报，带一把雨伞。我赶紧跑到一个商店门口躲雨，希望过一会儿雨会变小一点。时间一分一秒地过去了，雨下得还是那么大，(1) 如果再等下去的话，非迟到不可。一想到迟到后单位领导那难看的脸色，我就顾不得雨的大小了，赶紧冲进了雨里。

我走了没几步，就看见路的另一边有一个骑自行车的小姑娘，连人带车一下子摔倒了。她疼得一时站不起来了。(2) 我立刻跑过去把她扶起来，还好，她摔得不严重，只是手上擦破了一点皮。我帮她把自行车扶起来，告诉她骑车要小心，然后，继续往前走。这时，一位阿姨走到我身边，对我说："跟我一起打伞吧，我送送你。"(3) 看到我一脸的惊讶，她笑了一下，很诚恳地说："你刚刚帮助了那个小姑娘，也让我帮帮你吧。"听了她的话，我非常感动。

在我们的生活中，很多人一方面抱怨这个社会越来越冷漠了，一方面自己也用冷漠的态度对待这个社会。其实如果每个人都献出一点儿爱，这个世界不是会变得更加美好吗？

45. 下列哪个选项与句（1）中"下去"的意义和用法相同？（　　）

A. 生病后，他一天一天地瘦了下去。

B. 这个家我真是住不下去了。

C. 情况一天天地坏下去了。

D. 你从上面跳下去，把那个石头搬上来。

46. "赶紧"和"连忙"的主要区别是：（　　）

A. 前者常用于祈使句，后者只能用于陈述句

B. 前者只能用于陈述句，后者常用于祈使句

C. 前者是副词，后者是动词

D. 前者是动词，后者是副词

47. 下列关于句（2）的句式，说法正确的是：（　　）

A. 是"把"字句

B. 是"把"字句和连动句的套用

C. 不能改成"被"字句

D. 能改成"被"字句，并且改动后句式不变

48. 不属于本课重点学习的语法点或词语是：（　　）

A. 趋向补语"下去"的基本用法

B. 非……不可

C. 赶紧

D. 立刻

49. 下列哪个选项中的加点字与句（3）中"一"的意义相同？（ ）

    A. 情人节的时候，小张送了一束花给女朋友。

    B. 今天他只吃了一碗饭。

    C. 运动过后，出了一身的汗。

    D. 从我家到学校要开一小时的车。

50. 你认为适合本课的拓展提升练习是：（ ）

    A. 说明一种品格   B. 议论某一现象

    C. 描写某一个人   D. 记叙某一件事

第二部分　应用能力

第 51—56 题

　　请在 A—H 中选出以下教学法所对应的正确术语，其中有两个多余选项。

51．教师多次示范新的词语或结构，让学生集体模仿；对学生进行个别语音操练；运用已知句型进行问答以引进新句型；通过问答、造句、用提示词等练习新句型；让学生自己纠正错误。

52．听说领先，反复操练；教学内容以句型为中心；排斥或限制使用母语；对比母语与目的语，找出难点，确定教学重点；及时纠正学习者错误；利用现代化教学技术强化刺激。

53．先让学生看幻灯片或电视，边看边听边记忆；通过图像和录音，由教师讲解词、词组和句子，帮助学生完全理解课文内容；让学生模仿、重复、熟记、回答问题；用目的语表达思想。

54．要发挥学习者智力的作用；在理解、掌握语法规则的基础上，进行大量有意义的练习；以学生为中心，听说读写齐头并进，全面练习，适当使用学习者的母语。

55．以系统的语法知识为纲，依靠母语，通过翻译手段，主要培养第二语言的读写能力。

56．主张以口语教学为基础，按幼儿习得母语的自然过程，用目的语直接与客观事物相联系而不依赖母语、不用翻译。

51．_____

52．_____

53．_____

54．_____

55．_____

56．_____

| A．认知法 |
| B．情景法 |
| C．自觉对比法 |
| D．语法翻译法 |
| E．听说法 |
| F．直接法 |
| G．视听法 |
| H．阅读法 |

> 2007 年，国家汉办组织研制了《国际汉语教师标准》（以下简称《标准》），并于 2012 年时进行了修订，《标准》是对从事国际汉语教学工作的教师所应具备的知识、能力和素质的全面描述，旨在建立一套完善、科学、规范的教师标准体系，为国际汉语教师的培养、培训、能力评价和资格认证提供依据。
>
> 07 版《标准》包含了五个模块：（1）语言知识与技能；（2）文化与交际；（3）第二语言习得理论与学习策略；（4）教学方法；（5）综合素质。
>
> 12 版《标准》同样包含了五个模块：（1）汉语教学基础；（2）汉语教学方法；（3）＿＿＿＿＿＿＿＿；（4）中华文化与跨文化交际；（5）职业道德与专业发展。

57. 国际汉语教师最应该具备哪种能力？（　）

　　A. 良好的汉语听、说、读、写能力

　　B. 具备基本的外语听、说、读、写、译等综合能力

　　C. 跨文化交际能力

　　D. 组织课堂、加工教学内容的能力

58. 12 版《标准》第（3）条应该是下列哪个选项？（　）

　　A. 跨学科知识　　　　　　　　　　B. 第二语言习得理论与学习策略

　　C. 教学组织与课堂管理　　　　　　D. 特殊事件处理能力

59. 下列哪一项不是 07 版模块（4）的标准？（　）

　　A. 汉语教学法　　　　　　　　　　B. 测试与评估

　　C. 现代教育技术与运用　　　　　　D. 文化教学法

60. 为了更加有针对性地帮助学生学习，教师应该重点了解学生的哪方面信息？（　）

　　A. 学习风格　　　B. 家庭情况　　　C. 年龄大小　　　D. 个人爱好

61. 国际汉语教师在进入新的教学环境上课之前，如果有紧张的情绪应该如何缓解？（　）

　　A. 与同事和学生提前认识一下

　　B. 预先到新的学校去了解一下教学情况

　　C. 课前写出详细教案并反复操练

　　D. 做好学期计划

62. 关于新旧版的标准（5），下列说法不正确的是：（　）

　　A. 新版模块（5）是旧版模块（5）的具体表述

　　B. 相较于新版，旧版没有对职业发展能力进行描述

　　C. 新版包括要具备良好的心理素质

　　D. 新版包括要具备教育研究能力和专业发展意识

第 63—67 题

请排列下列"着"字语法点的教学顺序。

> A. 主语 ＋ 动词1 ＋ 着 ＋ 动词2（＋ 宾语）
>   他坐着说话呢。/他们喝着茶聊天。
> B. 主语（表示处所）＋ 动词 ＋ 着 ＋ 宾语
>   墙上贴着红双喜字。
> C. 主语 ＋ 动词 ＋ 着 ＋ 宾语
>   他拿着很多花。
> D. 主语 ＋ 动词 ＋ 着
>   大家说着，笑着。/教室的门开着。
> E. 主语 ＋ 处所状语 ＋ 动词 ＋ 着
>   出租车在楼前停着。

63. 第一步：＿＿＿＿＿＿
64. 第二步：＿＿＿＿＿＿
65. 第三步：＿＿＿＿＿＿
66. 第四步：＿＿＿＿＿＿
67. 第五步：＿＿＿＿＿＿

第 68—74 题

> A：安德，好久不见，最近在忙什么呢？
> B：找房子呢，我想搬到学校外面去住。
> A：为什么？住在学校里不好吗？学校里有超市、食堂，还有邮局和银行，比外面方便多了；离教室也近，每天你可以多睡会儿懒觉，而且费用也比外面便宜。
> B：但是，学校的宿舍没有厨房，房间里也没有卫生间，不比外面的房子方便。最重要的是，学校里都是留学生，对练习汉语没有好处。

68. 本课需要重点讲练的语法点是：（ ）
    A. "比"字句   B. 反问句
    C. 否定句   D. 存现句

69. 下列哪项语法点适合编排在本课之前？（ ）
    A. "把"字句   B. "被"字句
    C. "连"字句   D. 连动句

70. 根据本课课文的难度，不必进行注释的是：（ ）
    A. 懒觉   B. 便宜
    C. 离   D. 费用

71. 根据课文内容，教师应当将本课的培养目标设定为：（ ）
    A. 养成预习和复习习惯   B. 同时谈论两种类似事物的能力
    C. 将所学的内容应用到实际的能力   D. 能与其他人进行对话的能力

72. 根据课文中的"比"字句，下列哪个选项最可能是以英语为母语的留学生受母语负迁移影响而出现的偏误？（ ）
    A. 他买书比我多。   B. 冬天比这儿很冷。
    C. 她不瘦比我。   D. 昨天比这儿一样冷。

73. 在"最近在忙什么呢"这句话中，声母属于舌面、不送气、清、塞擦音的是：（ ）
    A. 近   B. 在
    C. 忙   D. 什

74. 最适合"比"字句的教学方法为：（ ）
    A. 对比法   B. 情景法
    C. 生成式教学   D. 以旧代新法

第 75—80 题

教学环节	准备阶段	a. 让学生回忆学过的有关词语、结构，用于完成交际任务。提供补充的新的语言材料（词语、格式等）。
		b. 让学生把要说的话写下来（可以用拼音）。
		c. 教师对学生的准备材料加以修正，特别是对语篇连贯等方面进行指导。
	执行阶段	根据事先设计好的任务，让学生分组表演。表演时不得看书面材料。表演时进行录音。
	总结阶段	教师总结讲评。

75. 上表所列出的教学环节属于什么教学模式？（ ）
    A. 传统模式   B. 改良的传统模式
    C. 3P 模式   D. 任务模式

76. 上述的教学环节较适合什么课型？（ ）
    A. 听力课   B. 口语课
    C. 阅读课   D. 综合课

77. 对于上述教学环节的描述，错误的是：（ ）
    A. 以学习者为中心，学以致用
    B. 课堂活跃，容易调动学生

C. 不适合初级阶段的教学

D. 教学内容和重点较易掌握

78. 在执行阶段，对学生的表演进行录音主要是为了：（　）

A. 方便教师在课后对表演进行评分

B. 给学生并让学生课后总结表演时的问题

C. 使学生重视输出的质量

D. 方便教师在课后一一找到学生的错误并在下节课讲解

79. 在执行阶段，学生表演属于哪一种互动模式？（　）

A. 全班活动　　　　　　　　　　B. 组际活动

C. 小组活动　　　　　　　　　　D. 个人活动

80. 如果有学生在同学表演时出现交头接耳的不良行为，最适合的处理方法是：（　）

A. 在同学表演后进行批评　　　　B. 在同学表演后让他点评

C. 表扬其他学生　　　　　　　　D. 让该学生坐到第一排

第 81—87 题

课堂活动信息卡

1. 活动方式：分角色表演，2 人一组。

2. 故事背景：

A 和 B 是来自同一个国家的留学生，他们在暑假的时候一起去了北京旅行。A 非常喜欢北京，觉得北京既是个保留了传统建筑的城市，又是个现代化气息很足的大都市。而 B 却对北京非常失望，在他的想象中，北京应该是个到处都是胡同的古老城市，而且北京的天气、环境太差了，他刚到北京就生病了。于是他们争论了起来……

3. 生词和语言点：（每人至少用 5 个）

传统、古建筑、现代化、都市、胡同、环境、并存

依我看……

你的观点不全对。

在我看来……

我不认为是这样的。

4. 每组上台表演（5 分钟），其他组评价。

81. 上述活动对语言点的练习属于：（　）

A. 重复性练习　　　　　　　　　B. 机械性练习

C. 交际性练习　　　　　　　　　D. 记忆性练习

82. 上述活动适合在什么课型或课堂环节进行？（　　）

    A. 口语课 　　　　　　　　　　　B. 综合课的复习课

    C. 阅读课上分角色复述课文 　　　D. 综合课上巩固语言点

83. 上述课堂属于哪种活动类型？（　　）

    A. 学生自导——教师服务 　　　　B. 学生主导——教师促进

    C. 学生依赖——教师主导 　　　　D. 学生参与——教师引导

84. 以上的教学活动所对应的教学模式的缺点为：（　　）

    A. 讲练的比例容易失调

    B. 教师的指导过于零散，缺乏系统

    C. 输入与输出内容不同，语言脱节

    D. 教学内容和重点较难掌握

85. 下列哪个环节是在纠错中不需要的？（　　）

    A. 随时记录学生的错误

    B. 统计分析错误的次数与类型

    C. 分析学生错误的原因

    D. 针对学生的错误类型，选取合适的纠错方法

86. 在活动中，教师可以通过什么方式调动每个人的参与度？（　　）

    A. 将内向的同学分在一组 　　　　B. 让学生自由分组

    C. 指定内向的同学担任组长 　　　D. 给每个小组成员都分配任务

87. 上述活动设计体现了教师的什么角色？（　　）

    A. 设计者 　　　B. 信息源 　　　C. 讲授者 　　　D. 研究者

第 88-93 题

对于学生的同一段表述，老师可以有不同的纠错方法，请从 A—F 中选择以下各题所对应的更正性反馈策略。

88. 学生：他手机没有了，他不小心，是他应该。
    老师：应该？应该什么？应该是能愿动词。
    学生：他应该……哦，他活该。

89. 学生：他手机没有了，他不小心，是他应该。
    老师：什么？请你重新说一遍。
    学生：他手机没有了，他不小心，是他应该。哦，是他活该。

90. 学生：他手机没有了，他不小心，是他应该。
    老师：不对，是他活该，不是应该。

91. 学生：他手机没有了，他不小心，是他应该。
    老师：是应该吗？是应该的话，后面还要加宾语，加什么呢？还是别的词？
    学生：哦，他活该。

92. 学生：他手机没有了，他不小心，是他应该。
    老师：是他应该？
    学生：对，应该……哦，不对，是活该。

93. 学生：他手机没有了，他不小心，是他应该。
    老师：是他活该。

88. _____
89. _____
90. _____
91. _____
92. _____
93. _____

A. 明确纠正
B. 重铸
C. 提供元语言知识
D. 要求澄清
E. 重复
F. 诱导

这是我国考古工作者于 1972 年在长沙马王堆汉墓发掘出的素纱禅衣，是西汉纺织技术巅峰时期的作品，为国家一级文物。其主人为西汉初期长沙国丞相、轪侯利仓之妻辛追。

马王堆一号汉墓出土的素纱禅衣，衣长 1.28 米，通袖长 1.9 米，由上衣和下裳两部分构成。面料为素纱，缘为几何纹绒圈锦。素纱丝缕极细，共用料约 2.6 平方米，重仅 49 克，还不到一两。这是世界上最轻的素纱禅衣和最早的印花织物，可谓"薄如蝉翼""轻若烟雾"，且色彩鲜艳，纹饰绚丽。它代表了西汉初养蚕、缫丝、织造工艺的最高水平。

这件素纱禅衣用纱料制成，因无颜色，没有衬里，出土遣册称其为素纱禅衣。

94. 从哪个朝代开始，中国各朝各代的政府就有专门负责丝绸生产的官员了？（ ）

    A. 周代　　　　　B. 秦代　　　　　C. 汉代　　　　　D. 唐代

95. 素纱禅衣是由哪几个部分组成的？（ ）

    A. 直领、左衽、曲裾　　　　　　　　B. 直领、右衽、曲裾
    C. 交领、左衽、直裾　　　　　　　　D. 交领、右衽、直裾

96. "汉服"一词的记载最早出现于《马王堆三号墓遣册》，下列关于汉服发展的说法正确的是：（ ）

    A. 汉服始于汉朝时汉人的服饰礼仪制度，因此称为汉服

    B. 汉服源自黄帝制冕服，定型于周朝

    C. 汉服于唐朝依据"四书""五经"形成完备的冠服体系

    D. 春秋战国时期，衣服的款式空前丰富，出现了深衣，深衣属于胡服

97. 利仓为西汉初期长沙国丞相，说明西汉初期所实行的行政划分制度为：（ ）

    A. 郡县制　　　B. 行省制　　　C. 郡国并行制　　　D. 分封制

98. 根据考古资料，迟至新石器时代，我国人民已经开始种桑育蚕，抽丝织衣了。1926 年在山西夏县西阴村新石器时代遗址中发现过半个人工割裂的蚕茧。这个遗址属于什么文化体系？（ ）

    A. 河姆渡文化　　B. 红山文化　　　C. 马家浜文化　　　D. 仰韶文化

99. 据考证，上衣下裳的形制最迟商朝就形成了，下列哪项属于上衣下裳制？
（　）

A．深衣　　　　　B．襦裙　　　　C．长衫　　　　　D．旗袍

100. 国外关于丝绸最早的记录是在印度的古书中找到的，丝绸最早在什么时候
就传入印度了？（　）

A．周朝　　　　B．春秋战国时期　C．秦朝　　　　　D．汉朝

第三部分　综合素质

本部分为情境判断题，共50题。

第101—135题，每组题目由情境及随后的若干条与情境相关的陈述构成。每条陈述都是对情境的一种反应，包括行为、判断、观点或感受等。请先阅读情境，然后根据你对情境的理解，判断你对每条陈述的认同程度，并在答题卡上填涂相应的字母，每个字母代表不同的认同程度。说明如下：

A	B	C	D	E
非常不认同	比较不认同	不确定	比较认同	非常认同

例题：

> 杨老师刚到悉尼的一家孔子学院工作，她的学生都是六七岁的小朋友。在同事的帮助和指导下，杨老师备好了前几堂课。第一次课的内容是向学生们介绍中国的国旗、国徽和国歌。当她在课上播放完《义勇军进行曲》之后，小朋友们都觉得这首歌非常"cool"和"powerful"，要求杨老师教他们唱，这让杨老师十分意外。

面对这种情况，如果你是杨老师，请你给出对下列陈述的认同程度：

1. 答应学生的要求会打乱自己的教学安排，而且作为新老师，开展事先没有准备的教学活动可能会力不从心。
2. 难得学生表现出了对课堂内容的强烈兴趣，应满足他们的要求，并利用这个机会，更深入地介绍中国的国旗、国徽和国歌。
3. 告诉学生之后的课会安排教唱中国国歌，课后向有经验的同事或者领导请教，听取他们的建议。
4. 给学生发放音频资料，让学生利用课余时间自行学习，这样既不打乱教学安排，又能满足他们的要求。

作答示例：若你对第1题的陈述比较不认同，则选择B；若对第2题的陈述比较认同，则选择D；若对第3题陈述非常不认同，则选择A；若对第4题陈述的认同程度介于"比较不认同"和"比较认同"之间，则选择C。各题之间互不影响。

第 101-108 题

> 宋老师能说一口流利的英语和法语，她报名参加了汉办志愿者的选拔，希望能去法国教汉语，这也是她学生时代就立下的志向。可是结果出来后，宋老师并未如愿申请到法国的志愿项目，而是被调剂到了通行法语的国家摩洛哥。

面对这种情况，如果你是宋老师，请你给出对下列陈述的认同程度：

101. 去法国教汉语是一直以来的理想，不愿妥协，放弃调剂准备下一次选拔。

102. 接受调剂，但是免不了心情不悦。

103. 摩洛哥同样使用法语，也不失为一个好结果，认真准备赴任事宜。

104. 期待已久的事情竟然落空，干脆转行当法英双语翻译。

> 宋老师在摩洛哥孔子学院工作了一段时间后，在国内的男朋友以异地为由向她提出了分手。宋老师很伤心，她本来打算回国就订婚的。

面对这种情况，如果你是宋老师，请你给出对下列陈述的认同程度：

105. 和工作相比，未来的婚姻家庭更重要，辞职回国陪伴男友。

106. 找机会和男朋友恳谈一次，告诉他未来的计划，希望他理解自己。

107. 这样的男朋友不要也罢，分手就分手。

108. 暂时不同意分手，仍将重心投入工作当中，稳定情绪，再做后续安排。

第 109-116 题

> 韩梅所教的班上有不少华裔学生，由于有中国背景，他们学习汉语较其他学生更快，发言喜欢抢答，考试成绩也更高，这引起了班上其他学生的不满，认为不公平。

面对这种情况，如果你是韩梅，请你给出对下列陈述的认同程度：

109. 一个班级里总会有学生进度快或慢，分高或低，这很正常。

110. 可以向当地同事学习处理类似问题的办法，以回应学生的意见。

111. 和校方商议根据汉语水平高低分班。

112. 学生的质疑只要不影响教学，可以适当忽视。

> 到美国后，不少朋友给了韩梅关于课余休闲方式的建议。

面对这种情况，如果你是韩梅，请你给出对下列陈述的认同程度：

113. 可以待在宿舍看看美剧英剧，或者流行的日韩剧等。

114. 可以找当地华人或中国同事聚餐、逛街。

115. 可以去附近社交场所如教堂等，争取多结交一些当地朋友。

116. 可以参观博物馆、美术馆等，增长知识，陶冶情操。

第 117—124 题

到新西兰孔子学院任教后，邵老师常常因为学生们提出的问题而感到措手不及。比如一次课上讲到"悬梁刺股"这个成语，学生们纷纷表示难以理解，为什么努力学习要用这样的方式？这难道不是自残吗？

面对这种情况，如果你是邵老师，请你给出对下列陈述的认同程度：

117. 学生思维开阔活跃，非常难得，可以借机引导学生深入学习成语故事的背景，激发他们探索中国文化的兴趣。

118. 向学生解释这个成语只是颂扬勤奋好学的品质，和自残没有关系。

119. 学生提出质疑说明他们积极思考，鼓励学生展开讨论、分享优秀的学习方式。

120. 向学生介绍这是中华民族勤学传统的体现，学生们应该学会尊重。

还有一次课后，学生说在一本书里读到从前中国的私塾先生会用戒尺体罚学生，他反问难道在中国，师生关系不平等吗？

面对这种情况，如果你是邵老师，请你给出对下列陈述的认同程度：

121. 告诉他那是中国从前私塾先生的教育方式，现在不这样。

122. 学生强调的是平等，而私塾先生的做法尽管不合理，但强调的是中华民族尊师重教的传统。

123. 告诉他这只是个例，不能以偏概全。

124. 学生提出的问题很好，可以引导他了解当时中国社会的传统和背景，自己找答案。

第 125—131 题

殷老师的朋友们听说她在英国伦敦孔子学院任教，都想麻烦她帮忙代购化妆品、保健品等，说是英国的价格比国内便宜不少，但殷老师平时工作和活动很多，好不容易有点空闲时间想好好休息。

面对这种情况，如果你是殷老师，请你给出对下列陈述的认同程度：

125. 毕竟是朋友的请求，忙里偷闲也要帮忙代购。

126. 和朋友说自己真的很忙，没有时间代购，还请谅解。

127. 平时工作已经自顾不暇，还要代购太麻烦了，断然拒绝。

> 一次中华才艺课上，殷老师给学生们演示如何剪"囍"字，但由于某个步骤折错了，剪后展开才发现失败了，根本看不出字的形状，学生们发现后哈哈大笑。

面对这种情况，如果你是殷老师，请你给出对下列陈述的认同程度：

128. 就算演示失败，学生也不应嘲笑教师，大声斥责。

129. 自己学艺不精，觉得难为情，无地自容。

130. 向学生承认演示失败，让他们根据书上的步骤自己试一试。

131. 平复课堂纪律后，再演示一次。

第 132－135 题

> 祝老师是位相貌美丽的年轻教师，她在欧洲某大学教汉语，有一次课后她收到了班上男学生的情书，还有一次课上，一位男学生甚至公开表白。

面对这种情况，如果你是祝老师，请你给出对下列陈述的认同程度：

132. 私下找到这些男生，让他们以学习为主，今后不要这么做。

133. 学生们的玩闹而已，不必当真，可以无视。

134. 联系学生家长，反映情况。

135. 找一次课上就此事进行教育，强调今后不允许这样的行为发生。

第 136－150 题，每题由一个情境和四个与情境相关的陈述构成，每个陈述都是对这个情境的一种反应，包括行为、判断、观点或感受等。请先阅读情境，然后根据你对情境的理解，从 ABCD 四个陈述中选出你认为在此情境下最为合适的反应。

例题：

> 李敏在日本一所学校教汉语，刚到日本时，她选择与一位日本同事合租公寓。日本对垃圾分类有严格的要求，虽然李敏很注意垃圾的分类，但由于之前并没有这方面的经验，所以还是经常弄错，甚至导致邻居投诉，室友也多次因此事指责她，言语之间甚至认为李敏没有素质。

根据上述情境，如果你是李敏，请你给出最为合适的选择：

A. 无需多解释，自己努力学习如何处理垃圾，在不与室友和邻居发生冲突的情况下解决问题。

B. 主动向室友和邻居道歉，说明原委，并向室友寻求帮助，向她学习垃圾分类的方法。

C. 鉴于和室友以及邻居目前的关系不太好，还是尽快找中国同事合住，以便度过适应期。

D. 被室友和邻居误解太没面子了，须尽快从中国同事那里学习垃圾分类的技巧。

答案：B

第 136 题

尹老师在上海某高校的国际文化教育学院教授留学生汉语，班上有一位来自哥斯达黎加的男生，尹老师根据他的名字和国籍为他取了一个中文名——"黎新"，可是黎新觉得自己的名字当中的"黎"字笔画多，比较难写，要求尹老师再给他取一个新的名字，最好是笔画少点、容易写的字。

面对这种情况，如果你是尹老师，请你给出最为合适的选择：
A. 黎新的要求合理，让他自己给自己取一个喜欢的中文名。

B. 坚持让黎新用这个名字，告诉他学中文不能怕麻烦、图省事。

C. 不同意更换中文名，同时告诉黎新起这个名字的寓意，获得他的认同。

D. 同意他的请求，并和黎新一起商讨、拟定新的中文名。

第 137 题

沈老师在美国某州立大学的分校担任汉语教师，平时住在教师公寓里，和一位本土教师 Emma 共用客厅和厨房。Emma 是个热情奔放的美国女孩儿，喜欢在公寓办 Party，音乐欢闹声经常影响到沈老师工作和休息。沈老师为此和她沟通过几次，但 Emma 认为这是她的自由，而且觉得沈老师下了班还在工作太过辛苦，邀请她一起来参加 Party。

面对这种情况，如果你是沈老师，请你给出最为合适的选择：
A. 体谅 Emma 自由的生活方式，自己只好忍耐。

B. 再次向 Emma 表明自己的想法，希望她理解自己的生活方式，互不干扰。

C. 接受 Emma 的邀请，试图改变自己的生活方式。

D. 与 Emma 共同商定一个舍友协议，针对 Party 的时间、频率等作出规定，一起遵守。

第 138 题

> 王老师所在的学校给他安排了很满的课时任务，平时还有不少活动，这让他经常感到力不从心。

面对这种情况，如果你是王老师，请你给出最为合适的选择：

A. 服从安排，硬着头皮干。

B. 重要的事认真办，不太重要的事就马虎一些。

C. 和校方反映情况，协商减少任务。

D. 身为教师应以上课为主，活动能不参加就不参加。

第 139 题

> 李老师发现有学生在他的汉语课堂上偷偷看英文小说。

面对这种情况，如果你是李老师，请你给出最为合适的选择：

A. 课上不做处理，课后找到该学生进行批评教育。

B. 直接在课上点名批评，并没收课外书。

C. 不直接点名，走到该学生桌前示意他将书收起来。

D. 只要他不影响其他同学听课，就让他继续看好了。

第 140 题

> 蒋老师在韩国首尔教汉语，天气逐渐热起来，有一次他穿了休闲衫和短裤上课。课后几名同学特地来到他的办公室，表达了对这身着装的不满，觉得他的穿着太过随意，对课堂和学生不够尊重。

面对这种情况，如果你是蒋老师，请你给出最为合适的选择：

A. 怎么穿是我的自由，学生无权干涉。

B. 当时表示抱歉，下次仍然按照喜好穿衣。

C. 和他们解释因为天气热才这样穿，并非不尊重。

D. 接纳意见并道歉，今后穿着严肃正式。

第 141 题

> 　　燕老师在泰国甲米教汉语，她吃不惯学校食堂做的当地风味的饭菜，时常独自去校外一家中餐馆用餐，当地教师说她不合群。

面对这种情况，如果你是燕老师，请你给出最为合适的选择：

A. 打包中餐馆的饭菜回到食堂和大家一起吃。

B. 说明原因后继续去中餐馆用餐。

C. 蜚短流长，不值得理会。

D. 勉强在学校食堂吃一点，回宿舍后再做饭吃。

第 142 题

> 　　崔老师的书法很好，负责教授中华才艺这门课，学期初的第一节课上，Anna 向崔老师提出对书法不感兴趣，想学习古筝。

面对这种情况，如果你是崔老师，请你给出最为合适的选择：

A. 告诉她自己不会古筝，但可以帮她介绍古筝教师。

B. 鼓励她自学古筝。

C. 告诉她自己只会书法，不会古筝，不能满足她的要求。

D. 这只是少数学生的要求，可以忽视。

第 143 题

> 　　张明原本是北京一所中学的语文教师，现在在英国教汉语，令他头疼的是，和北京中学循规蹈矩的孩子们相比，这里的学生太过活跃，无视课堂纪律。

面对这种情况，如果你是张老师，请你给出最为合适的选择：

A. 和其他任课教师交流，统一课堂纪律。

B. 这是学生的天性，应当保护。

C. 制定合适的纪律守则，和学生约法三章。

D. 严师出高徒，今后要更加严厉才行。

第 144 题

> 　　苏老师班上的 Aiden 不爱写汉字，考试时总以拼音代替，他形容汉字"难""枯燥""无聊"。

面对这种情况，如果你是苏老师，请你给出最为合适的选择：

A. 告诉 Aiden 汉字在汉语中的重要性，学汉语必须学汉字。

118

B. 调整授课方式，培养学生对汉字的兴趣，循序渐进。

C. 规定书写用拼音代替汉字的试卷一律以零分处理。

D. Aiden 毕竟是个例，不用太在意。

第 145 题

> 吕清老师被一个同学问及谁是他最喜欢的学生。

面对这种情况，如果你是吕老师，请你给出最为合适的选择：

A. 最喜欢成绩好的学生。

B. 最喜欢守纪律的学生。

C. 一视同仁。

D. 每个学生都各有优缺点，没有最喜欢，但每个都喜欢。

第 146 题

> 小刘老师发现班上一部分学生举手发言非常积极，而其他学生即使知道答案，也很少主动发言。

面对这种情况，如果你是小刘老师，请你给出最为合适的选择：

A. 按学号随机请学生回答问题。

B. 设置奖励，鼓励更多学生举手发言。

C. 故意请不爱发言的学生回答问题。

D. 只请举手发言的学生回答问题。

第 147 题

> 唐老师的汉语课下午三点开始，有些男同学会将三明治、汉堡等带到课堂上来吃。唐老师说过他们几次，可这些男生说每到三四点会有些饿，不吃点东西的话难以专心听讲。

面对这种情况，如果你是唐老师，请你给出最为合适的选择：

A. 规定他们在课前吃完再进教室上课。

B. 安排课间休息，允许出去买食物吃，但不允许带食物进教室。

C. 没收食物。

D. 向校方反映情况，看是否能将汉语课的时间调整一下。

第 148 题

> 学校为穆老师配备了一位助教 Dora，可是穆老师发现 Dora 总在教室后排玩手机，即使课堂乱成一锅粥也不闻不问。

面对这种情况，如果你是穆老师，请你给出最为合适的选择：

A. 让 Dora 今后不要玩手机，帮助自己维持纪律。

B. 请求校方更换助教。

C. 多一事不如少一事，随她吧。

D. 向其他老师抱怨 Dora 不负责任。

第 149 题

> 小阎老师获得了赴美教汉语的机会，可是家里人觉得小阎今年 27 岁，也老大不小了，该考虑婚姻大事，一年在外太浪费时间。

面对这种情况，如果你是小阎，请你给出最为合适的选择：

A. 家人不理解自己，大吵一架。

B. 家人说得有道理，还是不去了。

C. 坚持要去，理想最重要。

D. 想办法说服家人，再去赴任。

第 150 题

> 顾老师发现 Tom 这名学生听课很认真，但不写家庭作业。

面对这种情况，如果你是顾老师，请你给出最为合适的选择：

A. 私下找他谈话，问明缘由。

B. 在课堂上点名批评 Tom 不写作业的行为。

C. 看在他上课还算认真的份上，算了。

D. 向学生家长告状。

《国际汉语教师证书》

考　试

模拟试卷五

注　意

一、本试卷分三部分：

　　1. 基础知识 50 题

　　2. 应用能力 50 题

　　3. 综合素质 50 题

二、请将全部试题答案用铅笔填涂到答题卡上。

三、全部考试约 155 分钟（含 5 分钟填涂答题卡时间）。

第一部分　基础知识

第 1—10 题

好一朵美丽的茉莉花
好一朵美丽的茉莉花
芬芳美丽满枝桠
又香又白人人夸
让我来将你摘下
送给别人家
茉莉花呀茉莉花

好一朵茉莉花
好一朵茉莉花
满园花香香也香不过它
我有心采一朵戴
又怕旁人笑话
我有心采一朵戴
又怕来年不发芽

1. "好一朵美丽的茉莉花！" 拼写正确的是：（　　）

　　A. Hǎo yī duǒ měilì de mòlìhuā！

　　B. hǎo yī duǒ měilì de mòlì huā！

　　C. Hǎo yī duǒ měi lì de mò lì huā！

　　D. Hǎo yīduǒ měilì de mòlì huā！

2. "香"（xiāng）这个音节由_____个音素构成。（　　）

　　A. 2　　　　　　B. 3　　　　　　C. 4　　　　　　D. 5

3. "园" 的韵母是：（　　）

　　A. üan　　　　　B. uan　　　　　C. ian　　　　　D. yan

4. "摘" 的笔画数是：（　　）

　　A. 13　　　　　B. 14　　　　　C. 15　　　　　D. 16

5. "下" 字属于：（　　）

　　A. 象形字　　　　　　　　　B. 指事字

　　C. 会意字　　　　　　　　　D. 形声字

6. "戴"的第十笔是：（　）

    A. 横折　　　　　　　　　　　B. 横

    C. 竖　　　　　　　　　　　　D. 点

7. "茉莉"是：（　）

    A. 双声词　　　　　　　　　　B. 叠韵词

    C. 外来词　　　　　　　　　　D. 非双声叠韵词

8. 下列哪项是补充式合成词？（　）

    A. 摘下　　　　　　　　　　　B. 美丽

    C. 花朵　　　　　　　　　　　D. 发芽

9. 从结构上来说，"有"属于：（　）

    A. 上下结构　　　　　　　　　B. 上中下结构

    C. 独体结构　　　　　　　　　D. 半包围结构

10. 下列各项中的"来"与"让我来将你摘下"的"来"用法相同的是：（　）

    A. 由他来做这件事　　　　　　B. 说来话长

    C. 又怕来年不发芽　　　　　　D. 数百年来

第 11—15 题

请选出下列每组短语所对应的短语类型，在 A—F 中进行选择，其中有一个多余选项。

11.	非常出色	低空飞行	热烈欢迎	独立思考
12.	请君入瓮	惹火烧身	调虎离山	点石成金
13.	大家唱歌	工作繁忙	思想解放	风云突变
14.	酸甜苦辣	春夏秋冬	草长莺飞	爸爸妈妈
15.	上街买菜	站着不走	倒杯茶喝	坐下学习

11. ＿＿＿＿＿

12. ＿＿＿＿＿

13. ＿＿＿＿＿

14. ＿＿＿＿＿

15. ＿＿＿＿＿

A. 主谓短语

B. 偏正短语

C. 兼语短语

D. 联合短语

E. 连谓短语

F. 动宾短语

第 16—21 题

请选出下列诗文中画线句子所对应的类型，在 A—G 中进行选择，其中有一个多余选项。

> 16 明月几时有？17 把酒问青天。不知天上宫阙，今夕是何年。18 我欲乘风归去，又恐琼楼玉宇，高处不胜寒。起舞弄清影，19 何似在人间！
>
> 转朱阁，低绮户，照无眠。不应有恨，何事长向别时圆？20 人有悲欢离合，月有阴晴圆缺，此事古难全。21 但愿人长久，千里共婵娟。

16. ＿＿＿＿＿
17. ＿＿＿＿＿
18. ＿＿＿＿＿
19. ＿＿＿＿＿
20. ＿＿＿＿＿
21. ＿＿＿＿＿

A. 连动句
B. 祈使句
C. 转折复句
D. 特指疑问句
E. 并列复句
F. 反问句
G. 感叹句

第 22—27 题

> 麦　克：(1) 中国人在宴会上的规矩可多了。
> 爱德华：都有什么规矩？
> 麦　克：首先，要请重要的客人、领导和长辈坐上座。
> 爱德华：这是应该的。
> 麦　克：上菜时，如果是鱼的话，鱼头要对着上座，让重要的客人先吃第一口。喝酒的时候，(2) 大家都要给他敬酒。
> 爱德华：上次我参加了一个中国朋友的婚礼，大家都让我先吃。(3) 是不是把我也看成重要客人了？
> 麦　克：是。要是你到中国人家里去做客，他们就会准备好多菜，(4) 让你怎么也吃不完。给你敬酒的时候，一定要干杯，把杯子里的酒一口喝光。
> 爱德华：(5) 要是不会喝酒怎么办呢？
> 麦　克：那也没关系。他们会说"(6) 感情有，茶当酒"。你用茶代替就行了。

22. 句 (1) 中"规矩"的发音和意思分别是：（　）

A. guīju　规则礼法
B. guīju　言行正派
C. guījǔ　规则礼法
D. guījǔ　言行正派

23. 下列哪个选项中的"都"与句（2）中"都"的意思和用法不同？（　）

　　A. 功课学得都不错

　　B. 一动都不动

　　C. 愿天下有情人都成眷属

　　D. 你的话并不都对

24. 句（3）和句（5）的句类分别是：（　）

　　A. 选择问句；特指问句

　　B. 正反问句；特指问句

　　C. 正反问句；是非问句

　　D. 选择问句；是非问句

25. 句（4）中的"怎么"和下列哪项中的"怎么"意思和用法相同？（　）

　　A. 他们怎么还不回来？

　　B. 怎么又是你！

　　C. 她怎么也不肯休息。

　　D. 他刚学，还不怎么熟练。

26. 句（6）中"当"的发音和意思分别是：（　）

　　A. dāng　　充任，担任

　　B. dàng　　姑且作为

　　C. dāng　　姑且作为

　　D. dàng　　充任，担任

27. "代替"和"替代"的区别在于：（　）

　　A. "代替"是暂时性的，主动性强于"替代"

　　B. "替代"是暂时性的，主动性不如"代替"

　　C. "代替"是永久性的，主动性不如"替代"

　　D. "替代"是永久性的，主动性强于"代替"

安妮：今天真冷啊！

丽莎：是啊，天气越来越冷了。

安妮：快考试了，真高兴。

丽莎：(1) 考试还高兴？

安妮：考完试就该放假了。我早就想家了。丽莎，放假你回家吗？

丽莎：不回，我还要去旅行呢。

安妮：你都想好了？打算去哪儿？

丽莎：(2) 先去上海，然后去云南。

安妮：什么时候出发？

丽莎：那要看哪天考完了。(3) 一考完我就走。

28. 本课学习的重点语法可能是：（　）

    A. "的"字短语　　　　　　　　　　B. 疑问句

    C. 结构助词"了"　　　　　　　　　D. 反问句

29. 下列哪个句子中的"还"与句（1）中的"还"意义和用法相同？（　）

    A. 这篇文章还可以。

    B. 不回去，我还要去旅行呢。

    C. 老同志干劲还这样大，我们年轻人更该加油呀！

    D. 他惹了这么大麻烦，我还要谢他？

30. 句（2）里出现的句式，用哪种方法学习最合适？（　）

    A. 提供语境并让学生完成对话

    B. 给出例句并让学生自由造句

    C. 给出英文例句并让学生翻译成中文

    D. 用英文解释意义并让学生自由造句

31. 关于句（3），解释错误的是：（　）

    A. 这是一个条件语句

    B. 相当于"只要……就……"

    C. 这句话中完成两件事的主语不同

    D. 承接关系，表示"一"后面的事件一旦发生，就会导致"就"后面事件的结果

32. 你认为适合本课的拓展话题是：（　）

    A. 天气　　　　　　　　　　　　　B. 考试

    C. 旅游　　　　　　　　　　　　　D. 学习汉语

第 33－38 题

> 金美尚是一个三十岁上下的韩国学生。因为年龄比较大，所以她一来中国就在学校外面租了房子。我们来听她说说住在外面的酸甜苦辣吧。
>
> 她说，(1) 她现在一个月的生活费在两千五百块钱上下，包括房租、交通费，还有吃饭的钱等等。虽然比住在学校多花几百块钱，但是好处也很多：(2) 生活上既方便又舒服，还很自由。住在校外，不像住在宿舍那么吵，学习的时候很安静，也没有人打扰，学习效率很高。生活上可以自己来安排时间，跟中国人接触的机会也很多。她喜欢跟邻居一起说说话，特别是和一些老人聊聊天。他们会跟她聊自己看过、听过的事情和自己的生活经验，谈谈对社会问题的看法。(3) 跟老人聊天不仅让她了解了中国的老人，也更多地了解了中国各方面的情况，她的听力和口语也越来越好了。
>
> 不过，住在外面也有麻烦的地方。比如，早上要比住宿舍早起一个小时左右。住宿舍，最晚可以七点半才起床；而在校外，每天的生活从早上六点半就开始了。另外，(4) 一个人住是很安静，但有时，太安静了也会觉得孤独，特别是在生病、节假日的时候。不过，她还是很喜欢这样的生活。

33. 读课文第一段时，老师带领学生朗读"金、京""林、龄"，主要是进行哪类发音训练？（　）

    A. 声母　　　　　B. 韵母　　　　　C. 声调　　　　　D. 语调

34. 句（1）中的"上下"可用以下哪项替换？（　）

    A. 前后　　　　　B. 几　　　　　　C. 左右　　　　　D. 多

35. 句（2）的复句类型是：（　）

    A. 连贯复句

    B. 并列复句

    C. 递进复句

    D. 转折复句

36. 句（3）所蕴含的语义关系是：（　）

    A. 递进　　　　　B. 选择　　　　　C. 取舍　　　　　D. 让步

37. 下列哪项采用的是语素教学法？（　）

    A. 从"生活费"延伸到"交通费""医疗费"

    B. 从"说"延伸到"谈""论""议"

    C. 从"自由"延伸到"拘束""束缚"

    D. 从"安静"延伸到"很安静"

38. 句（4）中的"是"表示：（　）

    A. 解释　　　　　B. 存在　　　　　C. 强调　　　　　D. 同意

第 39—41 题

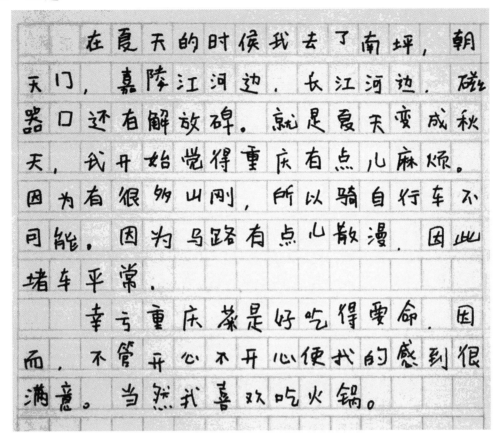

39. "我开始觉得重庆有点儿麻烦"这句话存在的主要偏误是：（　）

A. 语序错乱

B. 搭配不当

C. 成分遗漏

D. 成分冗余

40. "所以骑自行车不可能"这句话存在的偏误是：（　）

A. 语序错乱

B. 搭配不当

C. 成分遗漏

D. 成分冗余

41. 根据作文，该学生写汉字时容易出现哪方面的问题？（　）

A. 结构安排错误

B. 增加笔画和同音字误用

C. 写错偏旁部首

D. 丢失笔画和同音字误用

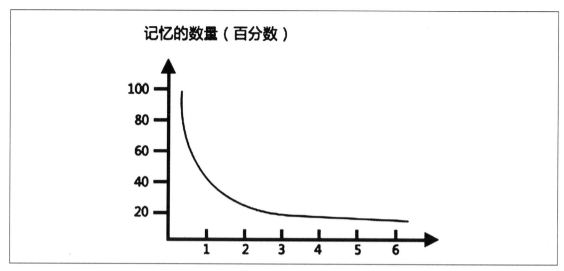

42. 上图是著名的"遗忘曲线"，它的提出者是：（ ）

    A. 克拉申　　　　　　　　　　B. 马斯洛

    C. 艾宾浩斯　　　　　　　　　　D. 巴甫洛夫

43. 上图所展示的遗忘变化的特点是：（ ）

    A. 均衡下降　　　　　　　　　　B. 均衡上升

    C. 先快后慢　　　　　　　　　　D. 先慢后快

44. 按保持的状态和时间分类，下列哪项不属于记忆类别？（ ）

    A. 感觉记忆　　　　　　　　　　B. 短时记忆

    C. 长时记忆　　　　　　　　　　D. 永久记忆

45. 人在拨打电话时，打完电话号码就忘记了，这种情况属于：（ ）

    A. 短时记忆　　　　　　　　　　B. 长时记忆

    C. 运动记忆　　　　　　　　　　D. 形象记忆

46. 以下关于遗忘产生的理论，解释错误的是：（ ）

    A. 衰退说认为产生遗忘的原因是记忆所建立的暂时神经联系的痕迹由于得不到强化而逐渐衰退甚至消失

    B. 干扰说认为产生遗忘的原因是由于受到其他刺激的干扰而产生抑制，从而导致遗忘

    C. 干扰信息保持的因素只有一种，即前摄抑制

    D. 遗忘可分为部分遗忘、完全遗忘，暂时遗忘、永久遗忘

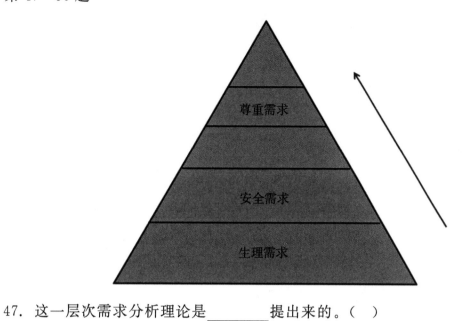

47. 这一层次需求分析理论是_____提出来的。（　）
    A. 马斯洛　　　　　　　　　　B. 皮亚杰
    C. 克拉申　　　　　　　　　　D. 韦特默

48. 图中金字塔顶是_____需求。（　）
    A. 自我肯定　　　　　　　　　B. 自我实现
    C. 成全他人　　　　　　　　　D. 欣赏他人

49. 图中金字塔从上至下第三层是_____需求。（　）
    A. 存在与社交　　　　　　　　B. 温饱与社交
    C. 归属与爱　　　　　　　　　D. 社交与爱

50. 根据上述理论，下列哪项教学理念最合理？（　）
    A. 经常鼓励学生　　　　　　　B. 完全任学生自由发展
    C. 严厉要求学生　　　　　　　D. 给学生布置很少的作业

第二部分 应用能力

第 51—56 题

请在 A—F 中选出以下描述所对应的词汇教学方法。

51. 常用于表示具体意义的词语（指事物或动作），便于声音与概念直接联系。

52. 如学习"下雨"一词，可辐射到与之有关的"刮风""水灾""担心""春游""凉快"等多方面的词语。

53. 用于有些用法难记，又说不出太多道理的词，如量词与名词的关系、某些动词与宾语的关系，可直接采取名量、动宾组合学习。

54. 把新词放在语境中，也就是联系句子、话语和一定的社会文化背景来理解。如要区别"家"的两个含义，可以用问答来解释清楚："你家有几口人？"（指家庭）"你今天回家了吗？"（指家庭住处）。

55. 利用词语之间的聚合关系，依据一个固定的语义群或话题，将相关的词语同时讲解或复习，使新旧词语互相对照。

56. 在用目的语难以解释的情况下，若母语与目的语的词对应明显，可以通过母语解释，一点就通，免得绕圈子。

51. ＿＿＿＿＿＿

52. ＿＿＿＿＿＿

53. ＿＿＿＿＿＿

54. ＿＿＿＿＿＿

55. ＿＿＿＿＿＿

56. ＿＿＿＿＿＿

A. 翻译法

B. 情景法

C. 直接法

D. 搭配法

E. 类聚法

F. 联想法

第 57—59 题

请选出下列各案例所对应的跨文化交际障碍，在 A－E 中进行选择，其中有两个多余选项。

57. 萨拉是位英国教师，从曼彻斯特来西安教书。她在讲课时学生不断记笔记，但是没有人提问题。她认为学生对她的课缺乏兴趣。她把学生邀请到她的房间，与他们聊天，但是，他们都比较拘谨。有的学生把她书桌上的东西拿起来看，事先也不征求她的同意。面对这一切，她感到沮丧。

58. 书籍中常有这样的论述："英美人勇于发表个人意见。""也许世界很少有像日本人那样干什么事都喜欢拼命的民族。""在美国这种竞争社会里，从小在家里就奖励竞争。"

59. 在世界文学史的撰写中，长期以来存在以欧洲为中心的倾向，对于亚洲、非洲、拉丁美洲的文学成就的篇幅较少，评价也较低。这是因为文学史的作者往往是欧美的学者。

57. _____
58. _____
59. _____

A. 民族中心主义
B. 刻板印象
C. 认识上的误区
D. 审美观念差异
E. 交往关系差异

第 60—62 题

请从 A－F 中选出下文画线处应填的内容，其中有三个多余选项。

60 是孔子思想体系的核心和总纲。之后的 61 全面发展了儒家思想，提出了以性善论为基础的仁政说。

三清、六御、财神、妈祖这些神仙都是道教体系的人物。道家经典有《老子》和《庄子》，其中《老子》又称《道德经》，《庄子》又称 62。

60. _____
61. _____
62. _____

A. 礼
B. 仁
C. 荀子
D. 孟子
E. 《华严经》
F. 《南华经》

第 63—66 题

课程内容			自我介绍
课堂活动	1. 前期准备		准备一些不同颜色的，写着自我介绍要素的汉字卡片（姓名、年龄、爱好）
	2. 主题活动	自我介绍	学生分别向全班做自我介绍
		询问他人	向不同的人询问其基本信息（姓名、年龄、爱好）
	3		在教师指导下： (1) 说出简单的自我介绍片段 (2) 听懂别人的自我介绍 (3) 读出简单的自我介绍文段 (4) 写出所学汉字和拼音

63. 上表中的活动计划可能来自于哪类汉语学习者？（　　）

A. 少儿初级水平

B. 少儿高级水平

C. 大学生中级水平

D. 大学生高级水平

64. 上表中课堂活动 3 应该是：（　　）

A. 布置作业

B. 安排测试

C. 学习成果评估

D. 撰写总结报告

65. 上表中课堂活动 2 中的"询问他人"适合哪一种互动模式？（　　）

A. 师生互动

B. 个人活动

C. 小组互动

D. 同伴互动

66. 如果学生在课堂教学过程中出现局部过于活跃的现象，最佳的处理办法是：（　　）

A. 公开点名提醒

B. 改变学生座位

C. 走到学生旁边

D. 表扬其他学生

第 67—71 题

以下是一所孔子学院针对文化体验活动贴出的海报和活动进程表：

时间	内容	备注
13：30—14：00	主持人介绍中国传统音乐	PPT
14：00—14：30	欣赏古琴、二胡、琵琶现场演奏	民乐团成员
14：30—15：00	评析著名曲目	PPT、视频
15：00—15：30	集体学唱《茉莉花》	
15：30—16：00	交流活动	合影

67. 组织这样的活动最应避免的是：（　　）

A．同时在网络加以宣传

B．同时用汉英双语介绍

C．要求学生及亲友参加

D．对比并评判各国传统音乐的优劣

68. 除了海报中邀请的人群，最适合体验此项活动的人是：（　　）

A．对学汉语感兴趣的工作人士

B．喜欢热闹的孩子

C．音乐领域的专家

D．对中国文化感兴趣的当地民众

69. 有一个关于音乐的成语比喻知音知己，也比喻乐曲高妙，其同时是一首著名曲目，它的演奏乐器是：（　　）

A．琵琶　　　　　　　　　　B．扬琴

C．二胡　　　　　　　　　　D．古琴

70. 《周易·豫卦》云："象曰：雷出地奋，豫。先王以作乐崇德，殷荐之上帝，以配祖考。"这段话表明原始社会的音乐与什么活动有关？（　　）

A．宫廷宴饮　　　　　　　　B．劳动生产

C．宗教祭祀　　　　　　　　D．传情达意

71. 下列哪一部明代音乐理论著作详尽阐明了"十二平均律"，比之欧洲更早更精确？（　　）

A．《乐律全书》　　　　　　B．《乐书》

C．《乐记》　　　　　　　　D．《乐论》

第 72—75 题

以下是汉语口语技能训练初级阶段的训练重点和目标，完成相应问题。

初级阶段

学生水平：零起点。

训练重点：语音和（1）＿＿＿＿＿＿＿

（2）＿＿＿＿＿＿＿：说的能力——能应付最基本的日常生活（如衣、食、住、行，介绍个人、家庭情况）、简单的社会交际（如问候、感谢）和有限的学习需要（如课堂活动）。

在课堂上，能够回答教师的提问，提出自己的问题；对 300 字到 400 字的话题熟悉的材料能够复述大意；可以就同课文内容类似的话题进行连续对话。语音语调基本正确，语速接近正常，语句较连贯。

在实际交际中，能够就上述熟悉的话题作简短的回答和陈述，能说简单句和由简单句组成的语段，具有初步会话能力。

在文化适应能力方面，了解中国人使用的基本的礼貌用语。

72.（1）处应为：（　）

   A. 单句

   B. 词组

   C. 词语

   D. 文段

73.（2）处应为：（　）

   A. 训练目标

   B. 训练步骤

   C. 训练反馈

   D. 训练方式

74. 对外汉语课堂教学的教学目标，包括语言知识、语言技能、学习策略和：
   （　）

   A. 文化意识

   B. 交际意识

   C. 文化知识

   D. 国际视野

75. 教师在进行口语语言点展示的时候，理想位置是：（　）

   A. 固定在讲台周围便于控制电脑

   B. 前后不停走动以增加互动

   C. 在教室正前方以集中学生注意力

   D. 在教室前方横向移动以兼顾左右

第 76－80 题

以下是学习任务和相应的学习类型，请匹配。

76．理解性阅读刊登在日报上的关于一些事件的报道。

77．从观看各种体育比赛和戏剧表演中寻求乐趣。

78．传达在安装玻璃纤维天花板绝缘板时必须注意的事项。

79．用手把唱针放入电唱机唱片上的第一个纹道里。

80．想出一个"生态学"游戏，以便全家外出时在汽车中玩。

A．动作技能：平稳地执行一个有时间限制的动作。

B．智慧技能：应用规则将单词解码并理解语言。

C．态度：个体对特定对象（事件、人、观念）持有稳定的心理倾向。

D．认知策略：通过发明来解决一个新问题。

E．言语信息：陈述信息，以便使其命题意义得以保持。

76．＿＿＿＿＿＿＿

77．＿＿＿＿＿＿＿

78．＿＿＿＿＿＿＿

79．＿＿＿＿＿＿＿

80．＿＿＿＿＿＿＿

第 81－87 题

A：你在干什么呢？

B：在给朋友写信呢。圣诞节快到了，新年也要来了，得给朋友们寄贺卡了。

A：写了那么多啊！

B：没办法，亲戚朋友多，我整整写了两个小时呢。

A：现在邮局人很多，你一会儿再去寄吧。

B：是吗？你怎么知道？

A：我刚才去邮局买邮票和信封，差不多排了两个小时的队。

B：那好，我一会儿再去吧。

81．生词讲练应有详有略，以下生词适合略讲的是：（　　）

A．整整　　　　　　　　　B．信封

C．办法　　　　　　　　　D．刚才

82．不适合运用 PPT 图片展示讲解的生词是：（　　）

A．圣诞节　　　　　　　　B．邮局

C．信封　　　　　　　　　D．整整

83. 在讲练"<u>整整</u>写了两个小时"的用法时，下列哪种方法最合适？（　）

　　A. 设置语境法

　　B. 下定义法

　　C. 图示法

　　D. 翻译法

84. 针对本材料，下列练习的训练目标是什么？（　）

　　　　听录音，判断对错：

　　　　（1）B 在给朋友们写信。（　）

　　　　（2）A 刚刚去过邮局。（　）

　　　　（3）B 准备马上去邮局寄信。（　）

　　A. 对比信息的能力

　　B. 联想猜测的能力

　　C. 理解细节的能力

　　D. 整体概括的能力

85. 针对本口语课功能项目的练习，下列不属于任务型练习形式的一项是：（　）

　　A. 真的到邮局寄信并模仿课文完成对话

　　B. 教师抽选学生进行选段课文背诵表演

　　C. 学生两两一组分角色模拟对话

　　D. 让学生将新学的生词运用到生活中

86. 教师在处理语法点"……也……"时采用了以下领读方法："圣诞节快到了，新年也要来了。柿子红了，石榴也快熟了。玫瑰开了，月季也快开了。"运用这种方法的主要目的是：（　）

　　A. 练习词语搭配

　　B. 练习发音正音

　　C. 练习词语替换

　　D. 练习词语认读

87. 以下教师为"再"设计的例句中，不恰当的是：（　）

　　A. 我现在不饿，一会儿再吃。

　　B. 我现在很忙，空闲了再找你说话。

　　C. 演唱会八点开始，我们一小时以后再出发。

　　D. 我没有听懂你的意思，你能不能再说一遍？

第 88—92 题

A：听说上星期你们留学生队赢了一场足球比赛。我想写一篇文章，介绍一下留学生足球队的事儿。

B：太好了，你是怎么知道的？

A：我是听你同学说的。别忘了我是记者，我今天是来问你们问题的。你们留学生队是跟谁比赛的？是在哪儿比赛的？

B：我们队是跟中国大学生队比赛的，是在我们学校比的。

A：中国大学生队水平比你们高吧？

B：他们的水平比我们高多了。听说他们的教练是从国家队来的。

A：他是什么时候从国家队下来的？

B：他是去年从国家队下来的。这位教练来了以后，大学生队的水平提高得很快。大学生队的 10 号踢得很好。左边的 5 号、右边的 12 号跑得都很快。

A：你们是怎么赢的？

B：上半场 0 比 0。下半场他们帮助我们进了一个球，是 1 比 0 赢的。

88. 以下生词适合重点讲解的是：（　　）

　　A. 提高　　　　　　　　　　B. 教练

　　C. 比赛　　　　　　　　　　D. 记者

89. 教师对本课进行教案编写时，教案的重点应放在：（　　）

　　A. 教学环节　　　　　　　　B. 教学目标

　　C. 教学重点　　　　　　　　D. 课堂游戏

90. 请你推测一下，下列哪个语言点学生在本课前已习得？（　　）

　　A. "是……的"强调句

　　B. "比"字句

　　C. "把"字句

　　D. "了"的用法

91. 根据"他是去年从国家队下来的"这句中的"下来"，教师设计的例句合理的是：（　　）

　　A. 三年下来，她成熟了很多。

　　B. 我就在你家楼下，快下来。

　　C. 他上个月从总部下来到咱们分公司。

　　D. 生活节奏渐渐慢下来，他开始学种花养草。

92. 在学习"比"字句时，教师准备了两个苹果，让学生一边观察比较大小，一边听句子，这种方法属于：（　　）

　　A. 暗示法　　　　　　　　　　B. 实物法

　　C. 情景法　　　　　　　　　　D. 全身反应法

大卫：老师，北京秋天的天气怎么样？

老师：不冷不热，很舒服，是最好的季节。

大卫：冬天呢？听说北京的冬天很冷，是吗？

老师：对，北京的冬天比较冷。最冷差不多零下十五度。

大卫：常常下雪吗？

老师：不常下雪。大卫，你最喜欢哪个季节？

大卫：我喜欢夏天，我喜欢游泳。老师，您呢？

老师：我喜欢春天。

93. 本课的重点可能是：（　　）

    A. 程度补语

    B. 不 adj. ＋不 adj.

    C. 程度副词

    D. 疑问代词

94. 上完课文后，教师让学生以第三人称口述该课文。这属于哪类口语表达练习？（　　）

    A. 评述

    B. 论述

    C. 转述

    D. 复述

95. 教师在处理"常常"一词时，以下教学步骤正确的序列是：（　　）

① 认读"常常"，熟悉读音、写法、词性。

② 提问"你最喜欢的运动是什么？运动的频率高吗？"等，请学生使用"常常"表达。

③ 展示例句，引出"常常"的搭配特点和其他用法。

    A. ③②①

    B. ①③②

    C. ③①②

    D. ②①③

96. 教师在课堂上提问时应注意其方式，以下叙述正确的是：（　　）

    A. 应当先指定回答对象，然后进行提问

    B. 为保证课堂节奏，提问后立刻指定学生回答

    C. 教师应当在提问后给予一定的准备时间

    D. 反复向内向的、不爱回答问题的学生提问

第 97－100 题

以下是某位教师讲练"非……不可"的部分教案，请据此回答问题。

> • 非……不可
>
> 出示腿上打石膏的图片，提示：她的腿上打着石膏，生活不方便，父母又不在身边，怎么办啊？
>
> 老师一定要让她住到自己家里，不住不行，这个句子可以说：
>
> （先出）林老师非要我住到她家去不可。
>
> （再出）非……不可：一定……才可以，不然不行。
>
> 同学们不想明天交作文，可是老师一定要让大家明天交，不交不行，这个句子用"非……不可"怎么说？
>
> 老师非让大家明天交作文不可。
>
> 接着问学生问题，要求回答的时候用上"非……不可"。
>
> 假设现在你们是老师，我是学生，我问：老师，星期五的庆祝活动我们不参加可以吗？出示 PPT
>
> A：老师，星期五的庆祝活动我们不参加可以吗？
>
> B：不行，星期五的活动你们非参加不可。
>
> 问：宋永优，对你来说，期末考试通不过也没关系吧？出示 PPT
>
> A：对你来说，期末考试通不过也没关系吧？
>
> B：谁说的？我非通过期末考试不可。

97. 在讲解该语法点时，教师板书：

A＋非＋	V＋	不可
我 非	通过考试	不可
你 非	去	不可
他 非	娶她	不可

这种讲解方法属于下列哪一种？（　　）

A. 演示法

B. 替换法

C. 情景法

D. 形象法

98. 接下来的课堂教案内容最有可能是：（　　）

A. 让学生两两一组用"非……不可"自编对话

B. 让学生解释词义

C. 教师给出例句并讲解

D. 布置作业，用"非……不可"写一段话

99. "同学们不想明天交作文，可是老师一定要让大家明天交，不交不行"这段话的作用是：（ ）

    A. 给出例句

    B. 转换词义

    C. 阐释词义

    D. 设置语境

100. 该教案讲解"非……不可"用得最多的方法是：（ ）

    A. 发现法

    B. 情景法

    C. 替换法

    D. 类推法

第三部分　综合素质

本部分为情境判断题，共 50 题。

第 101—135 题，每组题目由情境及随后的若干条与情境相关的陈述构成。每条陈述都是对情境的一种反应，包括行为、判断、观点或感受等。请先阅读情境，然后根据你对情境的理解，判断你对每条陈述的认同程度，并在答题卡上填涂相应的字母，每个字母代表不同的认同程度。说明如下：

A	B	C	D	E
非常不认同	比较不认同	不确定	比较认同	非常认同

例题：

> 杨老师刚到悉尼的一家孔子学院工作，她的学生都是六七岁的小朋友。在同事的帮助和指导下，杨老师备好了前几堂课。第一次课的内容是向学生们介绍中国的国旗、国徽和国歌。当她在课上播放完《义勇军进行曲》之后，小朋友们都觉得这首歌非常"cool"和"powerful"，要求杨老师教他们唱，这让杨老师十分意外。

面对这种情况，如果你是杨老师，请你给出对下列陈述的认同程度：

1. 答应学生的要求会打乱自己的教学安排，而且作为新老师，开展事先没有准备的教学活动可能会力不从心。

2. 难得学生表现出了对课堂内容的强烈兴趣，应满足他们的要求，并利用这个机会，更深入地介绍中国的国旗、国徽和国歌。

3. 告诉学生之后的课会安排教唱中国国歌，课后向有经验的同事或者领导请教，听取他们的建议。

4. 给学生发放音频资料，让学生利用课余时间自行学习，这样既不打乱教学安排，又能满足他们的要求。

作答示例：若你对第 1 题的陈述比较不认同，则选择 B；若对第 2 题的陈述比较认同，则选择 D；若对第 3 题陈述非常不认同，则选择 A；若对第 4 题陈述的认同程度介于"比较不认同"和"比较认同"之间，则选择 C。各题之间互不影响。

第 101—105 题

> 罗丽刚到意大利罗马不久，她将在一所孔子学院的成人高级业余班任汉语教师。作为新手教师，罗丽在第一次上课前非常紧张，担心自己准备得不够充分，语言不通会造成师生理解障碍，也担心会出现意想不到的课堂问题，同学们会不喜欢自己等。

面对这种情况，如果你是罗丽，请你给出对下列陈述的认同程度：

101. 第一次上课极为重要，如果第一堂课就跟学生有良好的互动，那么之后的课程势必会轻松很多。

102. 为降低紧张情绪带来的负面影响，应提前全面了解班级情况。

103. 主动跟意大利籍的搭班教师进行交流，做到"有备而来"，让自己在课前充满信心。

104. 为体现对课程的重视，无论在什么样的汉语课堂，第一次上课都应穿着正装。

105. 新老师从其他老师处接手班级，应遵循原教师的教学风格和习惯，保持教学连贯性。

第 106—110 题

> 今天是杨凌在泰国的第一堂课，她在课前精心准备了 PPT。可没想到的是，汉语课刚刚开始十分钟，设备就出现了故障，PPT 不能播放声音。杨凌很着急，因为声音在她的演示中非常重要。

面对这种情况，如果你是杨凌，请你给出对下列陈述的认同程度：

106. 放弃播放 PPT，临时想别的呈现方式代替。

107. 继续使用 PPT，回忆自己备课时听到的声音内容，这一部分靠自己自述。

108. 立刻联系管理部门找人协助维修，直到声音能够播放。

109. 不能耽误学生上课，立刻带同学们去寻找别的教室，按时完成教学任务。

110. 因特殊情况临时跳过今天的课程，直接开始下一个单元的内容。

第 111—115 题

> 李老师在法国一所小学教授汉语。让她没想到的是，10 岁左右的孩子根本意识不到课堂代表什么，他们在课上随意讲话，随意离开座位嬉戏打闹，甚至直接跑出教室。李老师上前劝阻，有孩子直接哭闹起来，完全不听老师的教育。维持课堂秩序耗费了李老师大量的精力，授课内容也受到影响。

面对这种情况，如果你是李老师，请你给出对下列陈述的认同程度：

111. 直接跟校长谈话，汇报几个孩子不守纪律的情况。

112. 在接下来的教学中，向学生强调一系列的课堂纪律，让学生了解和遵守汉语课堂行为准则。

113. 对于屡教不改的学生，通过邮件和家长沟通，希望家长承担管教责任。

114. 改善教学的方法并提高教学内容的难度，让学生在汉语课堂上更加专注。

115. 针对学生的需求进行调研，根据调研结果，在课堂上增加更多学生感兴趣的内容。

第116－120题

> 贾老师作为汉语志愿者，在今年七月外派到泰国任职。泰国的夏天气候炎热，这让从小生活在北方的贾老师很不适应。某个周末，学校同事组织一同参观景点，包括当地的寺庙，贾老师心想这不是教学时间，就穿了 T 恤和短裤，组织者看到后认为她穿着太过随意，要求她更换一套有袖、过膝的服装，以示尊重。

面对这种情况，如果你是贾老师，请你给出对下列陈述的认同程度：

116. 参观泰国大皇宫或寺庙对于着装有所要求，初来乍到，不熟悉这些礼仪是正常的。

117. 接受建议，尽快更换服装，不耽误大家出游。

118. 为了避免尴尬，回去要好好研究一下当地衣食住行的规则和礼仪。

119. 活动结束后，向组织者写邮件或打电话表示道歉和感谢。

120. 自己怕热，人生地不熟，下次有这样的活动尽量不参加。

第121－125题

> 史老师在给学生们介绍中华美食时，播放了《舌尖上的中国》选段，学生们看得津津有味，表现出极大的兴趣。没想到，接下来的几次课上，有学生提出想接着上次没看完的部分继续看，可是史老师有别的课程安排，委婉拒绝了大家的要求，学生们纷纷叹气、起哄。

面对这种情况，如果你是史老师，请你给出对下列陈述的认同程度：

121. 难得学生对中华美食这么感兴趣，让他们多看几次也无妨。

122. 看视频会耗费大量时间，影响课程进度，应无视学生的要求。

123. 如果课堂表现良好，可以考虑抽出部分时间播放视频作为奖励。

124. 坚持原本的课程安排，课后向同事请教，遇到此类问题该如何解决。

125. 和学生共享视频资源，让学生利用课余时间观看，这样既不影响教学进度，又能满足他们的要求。

第 126—130 题

> 　　王老师在墨西哥某中学教汉语，平时的工作餐以当地的酸辣口味为主，
> 经常有海鲜，但是，王老师喜欢清淡的食物，吃不惯口味重的饭菜，而且，
> 他是过敏体质，不能吃海鲜，为此，王老师感到苦恼。

面对这种情况，如果你是王老师，请你给出对下列陈述的认同程度：

126. 向学校食堂提建议，希望他们偶尔做些清淡的食物。

127. 不能委屈自己，干脆不吃工作餐，在附近找合口味的中式餐馆。

128. 平时勉强吃一点，回宿舍后再自己做饭。

129. 个人习惯是可以改变的，慢慢适应就好了。

130. 给校方发邮件，说明原因，希望他们同时兼顾异国教师的口味偏好。

第 131—135 题

> 　　薛老师在泰国某小学教汉语，分配的教师宿舍的设施条件都不错，唯一
> 让薛老师头疼的是，他们住的地方在一楼，蚊虫很多，地上、桌上时常会见
> 到蚂蚁、蟑螂，晚上还有蚊子吵得薛老师睡不着觉。

面对这种情况，如果你是薛老师，请你给出对下列陈述的认同程度：

131. 向校方提出申请，要求更换宿舍。

132. 向当地同事询问消灭蚊虫的方法。

133. 组织同事们轮流打扫卫生，尽量让环境干净整洁。

134. 虫子而已，没什么大不了的，习惯就好了。

135. 买杀虫剂、蚊帐等，在网上搜索灭蚊虫的方法。

　　第 136—150 题，每题由一个情境和四个与情境相关的陈述构成，每个陈述都是对
这个情境的一种反应，包括行为、判断、观点或感受等。请先阅读情境，然后根据
你对情境的理解，从 ABCD 四个陈述中选出你认为在此情境下最为合适的反应。

例题：

> 　　李敏在日本一所学校教汉语，刚到日本时，她选择与一位日本同事合租
> 公寓。日本对垃圾分类有严格的要求，虽然李敏很注意垃圾的分类，但由于
> 之前并没有这方面的经验，所以还是经常弄错，甚至导致邻居投诉，室友也
> 多次因此事指责她，言语之间甚至认为李敏没有素质。

根据上述情境，如果你是李敏，请你给出最为合适的选择：

A. 无需多解释，自己努力学习如何处理垃圾，在不与室友和邻居发生冲突的情
　　况下解决问题。

B. 主动向室友和邻居道歉，说明原委，并向室友寻求帮助，向她学习垃圾分类的方法。

C. 鉴于和室友以及邻居目前的关系不太好，还是尽快找中国同事合住，以便度过适应期。

D. 被室友和邻居误解太没面子了，须尽快从中国同事那里学习垃圾分类的技巧。

答案：B

第 136 题

> 林老师班上有位英国学生特别刻苦，下课之后总是主动抄生词、抄课文，一抄就是二三十遍，看起来工工整整。但是林老师在课上却发现，他在写横时，是从右往左写，写竖时，是从下往上写。

面对这种情况，如果你是林老师，请你给出最为合适的选择：

A. 学生只要把整字写对了不影响交际就行，笔顺不正确没有关系。

B. 规则应在不断练习中强化，老师没有必要专门讲解笔顺或总结规则。

C. 对于笔顺易出错的字，应该告诉学生自己习惯的写法，没必要跟着国家规范走。

D. 教独体字时教师要强调笔顺，学生写好独体字，合体字就不容易出错了。

第 137 题

> 王欢在给入门的学生教汉字时，学生常常会把"提"说成"撇"，把"点"说成"捺"。特别是非汉字文化圈的学生，他们对汉字并不敏感。

面对这种情况，如果你是王欢，请你给出最为合适的选择：

A. 在 PPT 上用标准印刷体展示不同组的形近字，以区分笔画。

B. 增加笔画练习作业，让学生在反复练习中体会笔画的区别。

C. 老师用毛笔演示从起笔到收笔的过程，再加大字号，观察笔画差异。

D. 不能为了部分学生耽误整体课程，为非汉字圈学生推荐汉字教材，要求课后自主学习。

第 138 题

> 　　在声母教学课上，孟平发现一位美国学生在学习声母时，j、q、x、zh、ch、sh 都分不清，几乎全发成 x。孟平绞尽脑汁帮助她纠正，这位同学的发音不但没有好转，反而越来越差，还发出了很多奇怪的声音。孟平很着急。

面对这种情况，如果你是孟平，请你给出最为合适的选择：

A. 重复学生的错误发音，直至她发现自己的问题。

B. 尝试练习不同的发音方法，让学生用一段时间慢慢适应。

C. 请另一位美国同学为这位同学纠音。

D. 强调不少中国人也发不好 zh、ch、sh，让学生不必担心。

第 139 题

> 　　刚来英国教汉语的李莉参加了一次教材会议，几所中学的中文老师聚在一起讨论下学期使用哪套教材。刘老师一组组员比较年轻，没有老教师经验丰富，参考了一些教材标准。王老师一组组员都是老教师，凭借多年的教学经验，认为教材看一眼就知道好不好，根本不需要什么标准。

面对这种情况，如果你是李莉，请你给出最为合适的选择：

A. 自己作为新教师还不太了解当地情况，跟风赞成得票数多的一组。

B. 老教师经验丰富，听老教师的准没错。

C. 教材的选择应有针对性和科学性，不能只凭经验做决定。

D. 教材需要根据学生的兴趣来选择，不能只凭老师意愿做决定。

第 140 题

> 　　秦川刚到韩国一所高中任汉语教师，不久就碰上韩国皇家宗庙的祭祖仪式。午休时，大家都在看祭祖仪式的电视转播。学生们充满自豪地告诉秦川，该仪式已被评为世界非物质文化遗产。秦川不太了解韩国的祭祖文化，看了一会儿就觉得很没意思。同学们看到老师不以为然的表情，都觉得有些失望。

面对这种情况，如果你是秦川，请你给出最为合适的选择：

A. 自己只是汉语教师，做好本职工作即可，无需深入了解韩国文化，以后这样的场合不再出现。

B. 诚实地向学生表达自己刚来韩国，对当地文化不太了解，并对自己的不得体之处道歉。

C. 诚实地向学生解释中国也有祭祖仪式，所以自己对这方面的文化内容不感到稀奇。

D. 课下交流产生的不愉快并不会影响课上学生学习汉语的热情，因此不予理会。

第 141 题

厉星在西班牙成人初级业余班教授汉语。第一次上课，他早早来到教室，热情地和学生打招呼，没想到学生们都十分安静和害羞。厉星调试好教学设备以后就开始上课了。不过，中间那静悄悄的几分钟让他感到前所未有的尴尬。在课程正式开始之前，厉星先自我介绍了一下，然后请学生起来做自我介绍。没想到，学生们都飞快地用母语说自己的名字，厉星很难在这么短的时间一个一个地将人和名字对应上。

面对这种情况，如果你是厉星，请你给出最为合适的选择：

A. 第一次见面连打招呼都不配合，自己和这个班级学生没有"眼缘"，要尽早向管理部门报告并申请换班。

B. 教师如果记不住学生的名字，可以直接报学号，不需要记住每个人的名字。

C. 教师可向学生解释说自己有"姓名记忆困难症"，希望得到学生的理解。

D. 为方便记忆，教师可为学生起中文名字。

第 142 题

周老师在澳大利亚一所高中教授初级汉语。班上既有本土文化背景的学生，也有刚从亚洲国家移民的亚裔学生。他发现，本土文化背景的学生在教师提问时总是积极举手发言，而亚裔学生如果老师不点自己的名字，一般不会主动举手发言。

面对这种情况，如果你是周老师，请你给出最为合适的选择：

A. 有意识地多提问亚裔同学，多给他们开口说话的机会。

B. 减少课堂随机提问的机会，按照座位顺序"开火车"回答问题。

C. 增加课堂小游戏和小组合作机会，加强师生间互动和学生间的互动。

D. 是否积极举手发言由民族性格决定，这样的差异靠汉语教师无法改变。

第 143 题

黄老师和几位同校的美国教师约好一起去中餐馆吃饭，黄老师不知道几位老师喜欢吃什么，所以特地多点了几道有特色的中国菜，想着多向同事们介绍介绍中国美食。黄老师和同事们聊得很开心，但菜确实点多了，到最后也没有吃完。没想到，同行的美国教师琳达直接当着大家的面对黄老师说："我们就几个人，你点了这么多菜，真浪费啊。"

面对这种情况，如果你是黄老师，请你给出最为合适的选择：

A. 琳达这样说话太过分了，太不友好了，以后离她远一点。

B. 琳达这样说不太符合中国人的礼仪，但是说得也有道理。

C. 琳达说得有道理，这样待客太浪费粮食，中国人这样的待客方式是一种陋习。

D. 琳达直言不讳指出问题，是跟自己关系好的表现，不应有过多要求。

第 144 题

高老师得了阑尾炎，做了小手术后住院休养。她的学生去医院看望她，但是令高老师哭笑不得的是，学生们送了她一个花篮，里面有菊花和马蹄莲，而且颜色大多是白色和黄色。

面对这种情况，如果你是高老师，请你给出最为合适的选择：

A. 表示感谢，但不多说什么，出院后上一堂有关中国人送礼习俗的文化课。

B. 很生气，这帮学生太不懂事了，一定是故意的。

C. 在病房中直接教育学生，告诉他们在中国人的习惯里，这样送礼表达的含义不合适。

D. 毕竟是一群外国学生，不懂中国习俗情有可原。

第 145 题

陆老师是美国某孔子学院的新教师，教汉语的同时兼授中国文化课。在一节中国结课上，陆老师先给学生们演示如意结的编法，但他有点紧张，尝试了几次都失败了，下面有学生窃窃私语，甚至有几名男同学笑出了声。

面对这种情况，如果你是陆老师，请你给出最为合适的选择：

A. 虽然演示出了错，可学生嘲笑老师更不对，应严厉批评。

B. 教育学生应当尊重老师，同时承认自己没有准备充分，回去后好好备课。

C. 无视学生的窃语嘲笑，继续编如意结，直到成功为止。

D. 放弃演示，让学生自己看书学着编。

第 146 题

> 谢红在美国一所中学教汉语，活泼热情的她很受学生们的欢迎，得知谢红有 Facebook 账号，大家纷纷添加她为好友，如此一来，下课后有学生找她聊天，周末也有学生和她视频，大大占用了谢红的休息时间。

面对这种情况，如果你是谢红，请你给出最为合适的选择：

A. 故意装作没看见信息，忙自己的事情。

B. 上课时告诉学生们尽量不要在非工作时间打扰自己。

C. 不忙的时候聊聊天也无妨，忙的时候就如实告知。

D. 为了维持受欢迎的形象，再忙再累也要陪学生聊天。

第 147 题

> 邵老师是韩国首尔某中学的汉语教师，汉语课在这所中学是选修课，不用考试。到了期末，数学等主课老师找到邵老师，希望他把课时"让"给他们，毕竟主课要考试，更重要，需要在关键时期加强训练，提高学生们的成绩。

面对这种情况，如果你是邵老师，请你给出最为合适的选择：

A. 在不影响课程安排、不违反学校规定的情况下，可以考虑适当变通。

B. 选修课也是课，绝不相让。

C. 先不贸然决定，向学校领导请示，听听他们的意见。

D. 欣然同意，自己正好乐得轻松。

第 148 题

> 潘老师的初级汉语课在下午第一节，她发现在这个时间段上课有个缺点，不少孩子容易在课上犯困，难以集中注意力，课堂活跃度也随之降低，一节课上下来往往收效平平。

面对这种情况，如果你是潘老师，请你给出最为合适的选择：

A. 点名批评上课打瞌睡的孩子。

B. 和校方商议设立午休，让孩子们调整、恢复下午上课的精力。

C. 和其他科目的教师调课。

D. 佩带一个便携式扩音器，提高讲课的音量。

第 149 题

孔老师经过汉办选拔前往德国某小学任职。十几个小时飞行后紧接着的是搬家、购物等一系列杂事，本来就没休息好，再加上七个小时的时差，孔老师不小心在次日的教师会议上迟到了十五分钟。孔老师听闻德国人一向严谨守时，他也注意到两名在场的德国教师面露不满。

面对这种情况，如果你是孔老师，请你给出最为合适的选择：

A. 初来乍到，手忙脚乱是正常的，下不为例就好了。

B. 不做解释，默默就坐，好让会议尽快开始。

C. 说明原因并真诚道歉，以求获得谅解。

D. 自己舟车劳顿，又有时差等因素，迟到不能完全怪自己。

第 150 题

储老师原本是上海某小学的语文教师，现外派至西班牙教汉语。储老师依照原有的习惯会给学生们布置不少家庭作业，但西班牙的小学生就不像她原来教的学生那么"乖"了，他们会抱怨，会罢写作业，甚至写信向校长"投诉"……

面对这种情况，如果你是储老师，请你给出最为合适的选择：

A. 写作业是学生天经地义的任务，要坚持自己的教学理念。

B. 外国学生懒散惯了，干脆取消家庭作业。

C. 和其他教师保持统一的作业量。

D. 依照教学难度和进度，布置数量合理、有针对性的作业。

《国际汉语教师证书》考试模拟试卷一

答案与解析

第一部分

1. 【答案】D

【解析】此题考查近义词辨析。"一点儿"和"有点儿"都表示程度不深,故 A 有误;"有点儿"除了能和形容词搭配,还可以和心理动词搭配,如"有点儿害怕",而"一点儿"不可以和心理动词搭配,故 B 有误;"有点儿"和"一点儿"在句中的位置不同,"有点儿"用在形容词的前面,而"一点儿"用在形容词的后面,C 有误。

格式:有点儿+形容词　　　　例:这件衣服有点儿贵。

　　　　形容词+一点儿　　　　例:这件衣服比那件衣服贵一点儿。

"一点儿"可作数量词用在名词前,如:"他今天喝了一点儿酒。"但"有点儿"不能和名词搭配,故 D 正确。

2. 【答案】C

【解析】此题考查疑问句的结构类型。C 句和句(2)同属于反问句,形式上有疑问代词和问号,实际上是无疑而问。反问句总是从相反的方面发出疑问,但表达了说话人一种确定的看法。材料中说话人的意思为"你们家一直很和睦",C 句的意思为"我可没答应"。A 句属于是非问,要求对方作出肯定或否定的回答的问句,比如:"今天是星期六吗?""你不喜欢这本书?"B 句是特指问,希望对方针对疑问代词作出回答,比如:"你去哪儿了?""你跟谁一起去的?"等等。D 句属于正反问,提出肯定和否定的两个方面,希望对方从中选择一项回答。

3. 【答案】A

【解析】此题考查关联词语和复句的关系类型。"不是 A 就是 B"引导的是选择复句,表示要在 A 和 B 中必选一项,但选择结果未定,该结构也常常可以用"或者"代替,句尾也可以加上"反正"句。另外一个与其相近的结构"不是 A 而是 B"连接的则是并列复句,其说明的情况是已知确定的,不用做出选择,而只是一个简单的并列。

4. 【答案】C

【解析】此题考查语气词"啊"的音变。"啊"受到前面一个音节末尾的音素的影响，会发生一定的变读现象。具体规则见下表：

"啊"前一个音节末尾音素	"啊"的读音
a，o，e，i，ê，ü	ya
u（包括韵母 ao、iao 末尾的 u）	wa
n	na
ng	nga
/ʅ/（舌尖后元音：zhi、chi、shi） /ɚ/（卷舌元音 er）	ra
/ɿ/（舌尖前元音：zi、ci、si）	za

5. 【答案】B

【解析】此题考查疑问代词的活用。

A. 承指：通常用两个同样的疑问代词前后呼应，句子形式通常为"疑问代词 A……（就）疑问代词 A"，比如："你吃什么我就吃什么。"

B. 任指：句中的疑问代词指任何一个人、任何一件事或任何一种方式，句子形式通常是"疑问代词＋都/也……"或者"无论/不管＋疑问代词……都/也……"，比如："学了一年，什么没学会。"

C. 虚指：疑问代词不明确指代某人或某物，只表示一个范围，可能是这个，也可能是那个，即不定指，比如："他好像说了什么，我没听清。"

D. 例指：用疑问代词"什么"表示举例，一般用在句首，比如："什么张三李四，我都不认识。"

6. 【答案】B

【解析】此题考查普通话中声母的国际音标标注。普通话中不送气的声母"b"音标为［p］，送气的声母"p"音标为［p']；而［b］和［p］对应的是英语中 b 和 p。

7. 【答案】C

【解析】此题考查形近字的区分。"飞扬跋扈"意为霸道、蛮横、独断专行；"蔽日遮天"意为遮住了天空和太阳，形容遮盖的范围非常宽广。"蔽"指遮蔽，而"敝"指破旧，如"敝帚自珍"；"避"指躲开，回避。

8. 【答案】B

【解析】此题考查汉字读音以及普通话辅音的发音方法。"枘"字读音为"ruì"。按照成阻和除阻的方式，普通话的辅音可以分为 5 类，详见下表：

类别	发音方法	辅音
塞音	成阻部位完全封闭气流通道，然后突然除阻，让气流迸裂而出，爆发成声。塞音一发即逝。	b、p、d、t、g、k
擦音	成阻部位不完全封闭气流通道，构成气流阻碍的两个部分之间留一条窄缝，气流从中挤出成声。擦音可以适当延长。	f、s、sh、r、x、h
塞擦音	发音部位先完全封闭，然后打开一条窄缝，让气流从中挤出。成阻时为塞音状态，除阻时为擦音状态，两个过程紧密连接。	z、c、zh、ch、j、q
鼻音	成阻部位完全堵塞口腔气流通道，软腭下垂，打开鼻腔通道，声带振动，让气流从鼻腔流出。	m、n、ng
边音	发音部位始终接触成阻，声带振动，迫使气流从舌的两边通过。	l

9. 【答案】A

【解析】此题考查汉语词语的构词法。

A. 单纯词：只有一个语素构成的词。汉语中一个语素往往是一个音节，但也有可能有两个以上的音节，如联绵词（包括双声、叠韵、非双声非叠韵、叠音）、口语词、音译词。"绸缪"就属于联绵词中的"叠韵"。

B. 派生词：指由词根和词缀组合而成的词，如"阿姨""木头"等。

C. 复合词：指由词根和词根组合而成的词，包括联合式、偏正式、述宾式、述补式、主谓式、量补式。

D. 重叠词：指两个词根重叠而成的词，有 AA 式，如"爸爸""妈妈"，还有 AABB 式，如"形形色色""密密麻麻"等。

10. 【答案】A

【解析】此题考查汉字的造字法。通常采用"六书"来分析，"六书"是指象形、指事、会意、形声、假借、转注。

A. 象形字：用线条描画出事物的形象，其字形与字义联系紧密。汉字"舟"与汉字"雨"一样都是象形字。

B. 指事字：大多数指事字是在象形字的基础上添加抽象符号。"末"字表示在树木的顶端加一短横，指示那里是树梢。

C. 会意字：用两个或几个物体的图形组合出字义，"涉"就是用人的两脚分别在水溪两侧，表示徒步涉水。

D. 形声字：用"皿"表示字义与器皿有关，用"成"字注明字的读音。

11. 【答案】C

【解析】此题考查汉字笔顺和笔画类别名称。汉字"凿"的笔顺和笔画名称如下：

1. 竖　2. 竖　3. 点　4. 撇　5. 横　6. 点　7. 撇　8. 横　9. 横　10. 竖　11. 竖折　12. 竖

12. 【答案】B

【解析】此题考查汉字的结构模式。按照层次分析法分析出的合体字基本结构模式有三大类：左右结构、上下结构、包围结构。还有一些从基本结构变化出来的派生结构，主要有：左中右结构、上中下结构、品字结构、对称结构、半包围结构。

A. 常见的上中下结构的汉字：高、衰、茶；

B. 常见的半包围结构的汉字部首：勹厂廴辶匚门凵广闩弋户气疒；

C. 常见的对称结构的汉字：坐、爽、巫；

D. 常见的品字结构的汉字：晶、森、淼。

13. 【答案】D

【解析】此题考查汉字字体的演变。字体是指同一种文字的各种不同的体式。汉字字体的演变过程为：甲骨文—金文—小篆—隶书—楷书—草书—行书。

字体	特点	例字
甲骨文	由细瘦的线条构成，多直笔，拐弯处多为方笔，棱角分明，图画特征比较明显。	
金文	肥大厚实，丰满圆浑，结构上整齐、匀称、方正，图画特征减少，文字的符号性增强。	
小篆	笔画横平竖直，圆劲均匀，粗细基本一致，线条略带弧形，字形平衡对称。	
隶书	变古汉字的曲折线条为方折，字形方扁，笔画有折无转，并有波挑。	
楷书	工整规范，结构整齐，形体方正，笔画平直，重心平稳，横斜竖直。	
草书	结构简省、笔画连绵。	
行书	介于楷书、草书之间的一种字体，不像草书那样潦草，也不像楷书那样端正。	

14. 【答案】D

【解析】"躺着看书"属于偏正词组中的状中词组，"躺着"用来描述中心语"看书"的情状。注意该短语虽有两个动词连用，但它不是连谓短语，因为它们之间有修饰与被修饰的关系；而连谓词组表示连续的几个动作，所有动作都是由主语所代表的主体发出来的，而且动作一般有先后顺序，中间不能出现语音停顿。

15. 【答案】C

【解析】"睡了半小时"属于述补短语，前后是补充与被补充的关系，量词结构"半小时"用来说明动作延续的时间。

16. 【答案】B

【解析】"喜欢看电影"属于述宾短语，前后是支配与被支配的关系，动词"喜欢"既可以带体词性宾语，如"喜欢喜剧电影"，也可以带谓词性宾语，如"喜欢看电影"。

17. 【答案】F

【解析】"上街买菜"是连谓短语，两个动词分别表示前后动作，后者是前者的目的。

18. 【答案】G

【解析】"请他来南京"属于兼语短语，兼语短语是由一个述宾短语跟一个主谓短语套叠而成，述宾短语的宾语兼任主谓短语的主语，典型的兼语短语的谓语动词往往带有使动性。构成兼语短语的使令动词主要有："使、请、派、选、命令、通知、禁止"等等。

19. 【答案】E

【解析】"宝岛台湾"属于同位短语，同位短语前后成分所指内容相同，在句中充当同一个句法成分，意义上构成复指关系。注意同位短语两个成分之间一定不能插入"的"。

20—24. 【答案】E、D、C、A、B

【解析】20—24题考查对汉语补语类型的判定。

补语类别	补语表达的语义	例子
趋向补语	表示人或物通过动作位移的结果。	走进屋子、发展起来
结果补语	表示由述语的行为或状态导致的结果或变化。	做完、吃饱
可能补语	表示述语的行为或状态能否实现某种结果或趋向。	记得住、听得见
程度补语	表示述语行为或状态所达到的程度	好极了、坏透了
情态补语	表示对动作或状态的描写、对情况的说明与评价。	玩得开心、干得漂亮
数量补语	表示动作或变化的数量或时量。	看了三遍、住了三年

25—29.【答案】C、B、A、D、C

【解析】25—29题考查第二语言的教学法及其所属的流派。

流派	特点	第二语言教学法
认知派	强调学习者对语言规则的理解和自觉掌握。	语法翻译法、自觉对比法、认知法
经验派	强调通过大量的模仿和操练形成习惯。	直接法、阅读法、情景法、听说法、视听法
人本派	强调以学生为中心，教为学服务，在教学中重视情感因素的作用，建立和谐的同学和师生关系，充分发挥学生的主动性。	团体语言学习法、默教法、暗示法、全身反应法
功能派	受社会语言学、功能主义语言学的影响，重视培养学生的语言交际能力。	交际法

① 默教法：理论基础是布鲁纳"发现学习"的教育思想。要求教师在课堂上尽量少说话，尽量鼓励学生多参与言语活动，学生要发展独立意识和自主能力，从而使学生更有效地掌握运用第二语言的能力。

② 听说法：理论基础是美国结构主义语言学和行为主义心理学。听说领先，通过反复的句型结构操练培养口语听说能力，用模仿、重复、记忆的方法形成习惯。

③ 语法翻译法：理论基础是历史比较语言学和官能心理学。强调以系统的语法知识教学为纲，依靠母语，通过翻译手段，主要培养第二语言读写能力。

④ 交际法：理论基础是社会语言学和人本主义心理学。强调以功能和意念为纲，第二语言教学目标是培养创造性地运用语言进行交际的能力，不仅要求语言运用的正确性，还要求得体性。

⑤ 全身反应法：理论基础是儿童习得第一语言理论。强调通过全身动作的反应来训练理解能力，在发展学生的表达能力之前应先培养其对目的语的理解能力。

30.【答案】A

【解析】此题考查对韵母四呼的理解以及声韵母拼合的规则。

四呼	韵母
开口呼	凡韵腹或韵头不是 i、u、ü 的韵母。
齐齿呼	凡韵腹或韵头是 i 的韵母。
合口呼	凡韵腹或韵头是 u 的韵母。
撮口呼	凡韵腹或韵头是 ü 的韵母。

声母和韵母拼合的规则：

① n、l 及零声母与开口呼、齐齿呼、合口呼、撮口呼韵母都有拼合关系；

② g、k、h、zh、ch、r、z、c、s 声母只同开口呼和合口呼相拼；

③ j、q、x 声母只同齐齿呼、撮口呼韵母相拼；

④ b、p、m、d、t 声母能和开口呼、齐齿呼、合口呼韵母相拼；

⑤ f 的组合能力最弱，只能与开口呼韵母和合口呼的 u 韵母拼合。

31.【答案】C

【解析】此题考查普通话音节结构以及标调规则。"丢"的声母为 d，韵母为 iou，但韵母 iou 和辅音声母相拼时，韵腹需要省写，即为 diu。声调原则上应该标在音节的主要元音（韵腹）上。如果一个音节只有一个元音，声调符号就标在这个元音上；如果一个音节有两个以上元音，声调符号标在开口度大、舌位最低、声音响亮的那个元音上。省写拼式的音节，就标在最后面的元音上。用简单的口诀记住汉语拼音的标调规则："a 母出现别放过，没有 a 母找 o、e，i、u 并列标在后，ü 母上面两点抹，单个韵母不必说。"所以"丢"的声调标注应为：diū，声调标在韵尾上。

32.【答案】B

【解析】此题考查对"反而"句的语义理解。"反而"引导的是反递句。"反而"句的逻辑关系可以格式化为：预设 A ＋结果 B（不但非 A，反而 B）。所谓"预设"指的是说话者在说出某个话语或句子时所做的假设，即说话者为保证句子或语段的合适性而必须满足的前提。有时"预设 A"可以不出现，但反递的语义逻辑依旧存在。材料中"反而"句的逻辑思路为："我们开始走上攀登泰山主峰的盘道，按照常理南天门应该接近了，但事实上南天门并没有接近，倒出现了与其相反的现象——南天门望不见了。"材料中的"反而望不见了"是结果 B，预设 A 为"南天门应该接近了"。

33.【答案】B

【解析】此题考查修辞手法的运用。

① 引用：写文章时有意引用成语、诗句、格言、典故等，以表达自己的思想感情。材料中"吸翠霞而夭矫"引用了郭璞《江赋》中的诗句。

② 比喻：用跟甲事物有相似点的乙事物来描写或说明甲事物。材料中"有的松树像一顶墨绿大伞"就是将松树比喻成一顶墨绿大伞，显示出松树的庞大。

③ 拟人：把物当作人来写，使物人格化，赋予物以人的言行或思想感情。材料中"像是和狂风乌云争夺天日，又像是和清风白云游戏"就是将松树人格化。

④ 排比：利用意义相关或相近，结构相同或相似的词组或句子并排，达到一种加强语势的效果。材料中的最后三句"有的……有的……有的……"就是排比句。

34. 【答案】C

【解析】此题考查汉语句式的判定。

A. 连动句：两个动词短语，互不作成分，而是共同作谓语，但在语义上有目的和方式、原因和结果、先和后的关系。短语的位置顺序不能相互颠倒，中间也没有语音停顿。

B. 存现句：存现句是表示人或事物存在、出现或消失的句式。基本格式是"处所词＋存现动词＋事物"。

C. 兼语句：兼语句是由兼语短语充当谓语或独立成句的句子。兼语句的谓语是由动宾短语套接主谓短语构成的，动宾短语的宾语兼做主谓短语的主语。兼语句多有使令的意思，所以句中前一个谓语多由使令动词充当。

D. 祈使句：祈使句是向听话人提出要求，希望他做什么或不做什么的句子。祈使句的主语限定于三类词语：第二人称代词、包括式第一人称复数、称谓词。

材料中"王明邀请我去他家过春节"属于"兼语句"，有两个层次："王明邀请我"和"我去他家过春节"，前一个述宾词组中的宾语"我"同时充当了后一个主谓词组中的主语。

35. 【答案】C

【解析】此题考查近义词的辨析。从词性上讲，"正"和"在"都属于时间副词，在句中作状语。注意，"在"另外还可作动词或介词。A 正确。从意义上讲，两者还是各有侧重的："正"强调两件事情在同一时间点发生，带有"碰巧、恰巧"的意味，比如"我正要找你呢，你就来了"；"在"则强调在某一个时间点某个动作的持续，比如"王丽在写作业，别去打扰她"。B 正确。从搭配上讲，"在"可用于过去时，比如"昨天上午，我一直在等你"，但后面不可以搭配介词"从"，而"正"后面可以跟"从"。故 C 错误。"正"和"在"都可以和语气词"呢"搭配，比如"我正吃饭呢"或者"我在吃饭呢"都是正确的句子。D 正确。

36. 【答案】A

【解析】此题考查"把"字句的相关知识。

A. 否定词、能愿动词都只能出现在"把"字结构的前面，而不能在它之后，比如："你别把雨伞拿进来。""你不应该把雨伞拿进来。"

B. "把"字句的动词一般具有较强的动作性，能够带表示结果的补语或宾语，非动作性动词，包括联系动词（"有、在、是"等）、感受动词（"知道、同意、觉得"等）、趋向动词（"上、下、进、出"等）都不能构成"把"字句。

C. "把"字句中的补语成分都是确指的，因为"把"字句是表示宾语受到谓语动词的影响，这个影响是确定的，而可能补语表示主观/客观条件是否允许实现某种结果，表示的是一种可能性，所以不能进入"把"字结构。

160

D. 从信息论的角度看，"把"字句的宾语一般是定指的、已知的，否则就无法表示谓语动词对宾语进行处置的意义了。

37. 【答案】B

【解析】此题考查紧缩复句表示的语义关系。一般的复句在分句与分句之间的语音停顿取消了，并且省略了一些关联词语，那就变成了紧缩复句。紧缩复句常用成对的关联词构成一些固定的格式，常见的有：

紧缩复句格式	语义关系
不……不……	假设关系，相当于"如果不……就不……"。
不……就……	假设关系，相当于"要是不……就……"。
不……也……	让步关系，相当于"即使不……也……"。
再……也……	让步关系，相当于"即使再……也……"。
一……就……	承接关系，动作有先后顺序。
	条件关系，相当于"只要……就……"。
非……不/才……	条件关系，相当于"只有……才……"。
越……越……	条件关系（倚变关系）后者随着前者的变化而变化。

38. 【答案】D

【解析】此题考查补语的语义指向。语义指向是指句法结构中的某一成分跟其他成分之间在语义上的联系，这种语义联系同句法关系有时一致，有时不一致。材料中"您把春联贴反了"中补语"反"指向宾语"春联"（您贴春联，春联反了）。

A. "他喝醉了酒"中补语"醉"指向主语"他"＝他喝酒，他醉了。

B. "我学会了滑雪"中补语"会"指向主语"我"＝我学滑雪，我会了。

C. "我看完了《红楼梦》"中补语"完"指向动词"看"＝我看《红楼梦》，看完了。

D. "他一连发出界两个球"中补语"出界"指向宾语"球"＝他一连发两个球，两个球出界。

39. 【答案】B

【解析】此题考查学习者认知方式（认知风格）的类型。认知方式即为人们感知和认识世界的方式。我们主要关注两组认知方式：场独立型——场依存型，审慎型——冲动型。

A. 场独立型：分析能力强，善于独立思考，喜欢有意识地学习和发现式学习，很少受到外界环境和他人的影响，自信心强，但有时比较固执。

B. 场依存型：倾向于从整体上对事物进行认知，十分依赖环境，容易受到语言环境、教师、同伴等外界因素影响，容易产生情绪波动，喜欢社会交际。

C. 审慎型：善于周密思考，全面分析，反复权衡以后才做决定或反应，不轻易开口，表现冷静持重。学习上善于归纳总结，读写能力较强。

D. 冲动型：在学习中反应敏捷，善于语言交际活动，听说能力较强，在课上非常活跃但容易出错，可在短时间内取得好成绩，但成绩不稳定。

40. 【答案】C

【解析】此题考查第二语言学习者在学习中的情感因素。

A. 态度：对事物了解的基础上产生情感上的褒贬好恶，并反映出对之采取行动的倾向性。第二语言学习中的态度包括对目的语社团和文化的态度、对目的语的态度、对课程和教师的态度。

B. 自尊心：是个体对自身价值的自我判断。语言学习的自尊心既表现为对语言总能力的自我评价，也表现为对语言某一方面能力的自我评价。

C. 焦虑：第二语言学习时的焦虑是指个人面临一种要求使用自己不熟练的第二语言情景时体验到的忧虑和担心。材料中的麦克就是在语言输出时产生焦虑，进而焦虑阻碍与人的正常交际。

D. 动机：第二语言学习的动机是指学习者学习目的语的出发点。一般分为融入型动机和工具型动机，前者出于对汉语感兴趣，后者是为了把汉语当做一种工具。

41. 【答案】B

【解析】此题考查对第二语言学习者动机的认识。第二语言学习动机可以分为融入型动机和工具型动机。

融入型动机：为了跟目的语社团直接进行交际，与目的语文化有更多的接触，甚至想进一步融入到第二语言社团中成为其一员。执有融入型动机的人学习第二语言时能体会到乐趣，不觉枯燥厌烦，更易于掌握第二语言。

工具型动机：把第二语言用作工具的实际目的，带着工具性动机的学习者希望通过利用第二语言达到自己的目标，侧重学习一门新的语言的实际价值和好处。

选项 A、C、D 都属于融入型动机，表明了学习者想通过语言的学习进一步融入到第二语言社团中。而 B 选项"找到一份好工作"，这是一个实际的目的，属于工具型动机。

42. 【答案】B

【解析】此题考查对语言习得关键期的理解。

A. 儿童主要通过习得的方式获得语言，而成人主要通过学习的方式获得语言。

B. 针对不同的语言要素，关键期的时间是不同的。语音、词汇、语法等项目的关键期开始的时间和结束的时间不一致。

C. 关键期的结束并不是某一时间点，而是某一时间段，是一个渐进的过程。

D. 关键期是指大脑语言功能向左侧化的时期。

43. 【答案】C

【解析】此题考查第二语言学习者的学习策略。

A. 精细加工策略：将新学材料与头脑中已有知识联系起来从而增加新信息的意义的深层加工策略。

B. 社会策略：在学习汉语时可以寻求中国人的帮助，或者与别的同学合作，一起练习汉语，更多地了解中国社会以及中国文化。

C. 元认知策略：对自己认知过程的了解和控制策略。比如能制订学汉语的目标计划，善于规划时间，并进行自我评估，出现错误后，能自我总结，在反思中提高。

D. 情感策略：焦虑时，使用深呼吸、听音乐等方式放松心情；经常鼓励自己说汉语；记录学习汉语过程中的情感状况，与他人分享学汉语的感受等。

44. 【答案】C

【解析】此题考查汉语量词的类型。汉语量词的分类见下图：

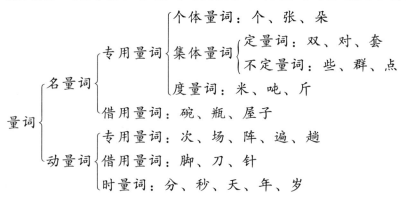

45. 【答案】B

【解析】此题考查数词"二"和"两"的辨析。

以下情况只能用"二"，不能用"两"：

① 数数时用"二"不用"两"，如"一、二、三、四"；

② 多位数中十位、个位上用"二"，如"二十二"；

③ 表示分数、小数、序数时用"二"，如"三分之二""零点二""第二"；

④ 在中国传统的重量单位"两"前只能用数词"二"，如"二两米"。

以下情况只能用"两"，不能用"二"：

① 在个体量词（个、句、只、件、条、张、枝、匹等）、集合量词（家、套、对、双等）、借用量词（岸、碗、盘、瓶、杯等）、动量词（次、回、遍、趟、顿、番）等量词前用"两"，不用"二"，如：两个人，两句话；两对情侣，两家和亲；两杯水，两岸合作，两盘饺子；两场演出，两次拜访；

② 表示不定的数目，相当于"几"，如"你再休息两天吧"；

③ 表示"双方"之意时用"两"，如"两全其美""两难""两可"等。

以下情况用"二"或"两"都可以通用，或者以其一居多：

① "千、万、亿"的前面，一般通用，如："两/二千八百元""两/二万"等，但"千"在"万、亿"后，以用"二"为常，如："三万二千""两亿二千万"等。

② 在度量词前二者都可以，但需要注意三点：

第一，在中国传统的市制度量衡单位前多用"二"，例如："二斤（大豆）""二里（路）""二项（地）"等等；

第二，现在通用的公制度量衡单位前多用"两"，例如："两公斤（大豆）""两公里（路）""两公顷（地）"；

第三，中国货币单位"块""毛""分"前用"两"。

46. 【答案】D

【解析】此题考查"几"的用法。

A. "几"可以活用为概数，表示不确定的数目，如"院子里有几个孩子"。材料中"你买几瓶"中的"几"属于疑问代词，而不是表示概数。

B. "几"并不等同"多少"，区别主要在于数量上。

"几"用在＜10的情况，例如："这里有几个人？"

"多少"用在＞10的情况，例如："你的公司有多少个人？"

C. 在一般口语表达中，几的后面必须有量词，而"多少"后面的量词可以并在某些时候必须省略。

例如："来了几个人？——来了多少人？""几块钱一斤？——多少钱一斤？"

D. "几"本身是疑问代词，放在疑问句中用来询问数目，通常是"九"以内的数，如："他有几个妹妹？"

47. 【答案】B

【解析】此题考查第二语言习得理论。预测学习者在第二语言学习中可能出现的困难，是教学中进行对比分析的主要目的。很多语言学家制定了语言难度等级模式，而上述这一比较简明的难度等级模式阐述了从零级到五级的区域度，级数愈高难度也愈大。这个模式的提出者便是普拉克特（Clifford Practor）。

48. 【答案】A

【解析】此题考查第二语言习得理论。"难度等级模式"是对比分析理论在第二语言教学中的应用，从零级到五级的难度划分，都是依据第二语言与母语的差异程度，所以该模式可以作为进行语言对比、预测教学难点的参考。

49. 【答案】C

【解析】此题考查第二语言习得理论。根据材料中的难度等级模式，第三等级的难度是指：第一语言中的某个项目在目的语中虽有相应的项目，但在项目的形式、分布和使用方面又有差异，学习者必须把它作为目的语的新项目重新习得。

A. 离合词是英语中没有的语言项目，学习者必须要把它作为全新的项目学习，属于第四等级难度。

B. "动词＋宾语"的语序在英语中也同样适用，这是两种语言中相同的成分，学习者在学习时产生正迁移，不构成困难，故属于零级难度。

C. "被动句"在汉语和英语中都有，但汉语中除了有标记的由"被""叫""让"等表示的被动句外，大量的则是无标记的被动句，还有像"是……的"等表示被动意义的句子。以英语为母语的学习者在学习汉语时，必须要在其原有的被动式知识的基础上，重新认识汉语的被动句，这属于第三等级的难度。

D. "可能补语"在英语中也是不存在的，英语中表示可能与否的方式一般是通过词形的变化，如"打得/不破"在英语中表示为 breakable/unbreakable。所以学习者也必须要把可能补语当做全新的项目学习，故属于第四等级难度。

50. 【答案】D

【解析】此题考查第二语言习得理论。我们知道英语动词 visit 在汉语中可译为"参观""访问""看望"三个动词，分别与不同的宾语组合。"参观"的宾语只能表示场所机构的事物，"看望"的宾语只能是人，而"访问"则指人指事物均可。这说明第一语言中的一个语言项目到了目的语中分成了两个或两个以上的项目，需要学生克服第一语言所形成的习惯，逐项加以区别，才能在目的语中正确使用，这是该模式中难度最高的一项，是第五等级的难度。

第二部分

51. 【答案】C

【解析】第 51—56 题考查对偏误类型的判断。"可以扔石头到海里去"属于句式的误代。汉语中"扔到"一词不可以像英语中"throw...into"一样拆开使用，这个句子要用"把"字句。而初学者往往在该使用"把"字句时未使用，而用熟悉的、比较简单的句式代替，造成偏误。

52. 【答案】D

【解析】"你不去上海吗？——不，我不去。"属于语言—语用偏误。汉语中回答是非问句时的"是"或"不"，是对提问者所说的话作肯定或否定的回答，而英语中的"是"或"不"直接针对事实情况。学习者由于思维习惯的不同，经常造成偏误。

53. 【答案】G

【解析】"一个中国有意义的地方"属于成分组合错序。在中心语"地方"前有多重定语，而在汉语中多重定语并列时也是有固定顺序的，即"表示领属关系的名词/代词—指示代词—数量词组—表示修饰关系的形容词/名词＋（中心语）"。

54.【答案】I

【解析】"王明看小说累了"属于必要成分的遗漏。当句子中同时出现宾语和情态补语时，就会出现"宾补争动"的情况。而学习者往往只照顾到"动词＋宾语"结构，而忽视了"动词＋补语"，造成遗漏补语前动词的偏误。

55.【答案】E

【解析】"老师，你媳妇最近还好吗？"属于社交—语用偏误。在中国的人际交往中，称呼长者或尊者的夫人时，一般不会使用口语化的"媳妇、老婆"，而应该使用较为正式的"夫人、妻子"等。学习者往往不在意这点而造成此类语用偏误。

56.【答案】F

【解析】"我是一个星期以前来了的南京"属于误加偏误。"是……的"结构强调动作行为发生的时间、地点、方式，其间不能再插入"了"。学生往往过度泛化"了"的使用规则，直接把它当成过去时的标志硬插入句中，造成偏误。

57—61.【答案】D、C、A、B、E

【解析】57—61题考查汉语教学设计流程。依据教学设计环节的先后逻辑顺序，可将教学流程切分为三个阶段：

① 前期的信息调查阶段：包括教学对象的分析和教学情境的分析，就是要知道学生是谁，他们的基本情况如何，并且了解将在什么样的环境中实施教学。

② 中期课程策划阶段：首先要制订教学目标，然后对教学内容、教学顺序以及教学进度这三方面进行部署，也即进行课程组织。

③ 后期教学实施阶段：也就是设计教案并实施教学。在实施教学的过程中，为确保教学与学习的有效性，还需要适时对学生的汉语学习进行测试，同时邀请教学管理人员、学生家长等相关方对学生进行评价。

前期的信息调查阶段提供的背景信息用于指导中期的课程策划与后期的教学实施，中期的课程策划为后期的教学实施提供大致的框架，而后期教学实施阶段所反映出的学生学习状况信息则可能需要教师回到课程策划阶段修订课程方案，甚至回到第一阶段，进一步对教学对象和情境做更深入的了解和分析。

62.【答案】C

【解析】此题考查汉语词汇的教学方法。

A. 比较法：对近义词、反义词进行比较，在比较中发现不同点。如讲到"坚定"一词，教师可以扩展它的近义词"坚决"，让学生在比较中更深刻地理解该词。

B. 类聚法：利用词语之间的聚合关系，依据一个固定的语义群或话题，将相关的词语同时讲解或复习，使新旧词语互相对照。如讲到"体育项目"一词，可扩展其下位词"游泳""滑冰""田径"等词。

C. 语素义法：利用汉语构词法的特点，将合成词中的语素加以离析，利用该语素进行扩展，从而达到巩固所学词并扩大词汇量的目的。杨老师的做法就属于此法。

D. 联想法：根据词汇表达的功能情景，让学生围绕该情景进行联想，进而辐射到与之相关的其他词语。如讲到"音乐会"一词时，可以联想到"指挥、大提琴、观众、动听、欣赏、独奏"等一系列词。

63. 【答案】B

【解析】此题考查汉语近义词辨析的角度。汉语近义词辨析可以按照以下思路展开：

词义的侧重点不同：创造—制造；温柔—温顺
词义的轻重不同：着急—焦急；请求—恳求
意义 — 概念义的区别 — 词义的范围不同：财产—财富；性命—生命
名词可数或不可数：车—车辆；树—树木
附属义的区别 — 感情色彩不同：习惯（中性）—习气（贬义）
语体色彩不同：耗费（书面）—花费（口语）

词类不同：突然（形容词）—忽然（副词）
用法 — 搭配对象不同 — 能否带宾语：游览—旅行
宾语类型（人/物、处所/时间等）：访问—参观
动作行为的主体不同：侵犯—侵略
时态不同：再（未然）—又（已然）
形容词修饰的中心语不同：美丽—漂亮
造句能力不同 — 适用的句型不同：千万（肯定句/否定句）—万万（否定句）
句法功能不同：听说（可加主语）—据说（不加主语）

材料中"赞美""表扬"和"赞扬"三个词的区别主要在搭配对象上：

"赞美"指赞扬歌颂，是对崇高事物进行由衷的感叹。

"表扬"指对好人好事的肯定，其对象一般是孩子、学生、下级等。

"赞扬"指称赞表扬，是对精神范畴的抽象概念或行为给予肯定的评价。

64. 【答案】C

【解析】此题考查教师设计例句的方法。

A. 教师要给学生提供符合语法规范的、典型的例句。这样才能起到更好的示范作用，经得起推敲，并且能让学生根据例句明确词语的典型用法。A正确。

B. 教师在设计例句时也要考虑内容的丰富有趣，可以针对学生感兴趣的话题，融入有趣的社会现象或文化知识，以此活跃课堂气氛，激发学生兴趣。B正确。

C. 例句设计的合理性还体现在对实用程度的把握上。初级水平的学生，教师尽量提供日常交际中常用的句子；对中高级水平的学生，教师应该展示日常交际中的句子，再加一些书面语中的句子。杨老师所教班级是初级水平，所以不适合选用太过书面化的句子作为例句。C 不合理。

D. 设计例句时，教师要考虑学生的汉语水平和词汇量基础，控制例句中的难度，尽量使用已学过的词语，这样既能更好地理解新词，又能复习巩固已学词语。D 正确。

65. 【答案】B

【解析】此题考查词汇练习的方式。词汇练习的方式包括以下 4 类：

A. 感知类练习：即对词的感知，包括听音、读音和认字。方法有：听教师读、听录音、朗读、领读、认读等。

B. 理解类练习：考查学生对词义的理解。方法有：说出近义词、反义词，听义说词，听词说义，图示词语，给多义词选择合适的义项，用目的语或媒介语释词。

C. 记忆类练习：帮助学生记住词的发音、意义和用法，方法有：听写词语、听音填词、听词说义、听义说词。

D. 应用类练习：通过词的实际运用来帮助学生掌握词的用法。方法有：组词、搭配词语、选词填空、辨别和纠正句中用错的词语、给词语选择合适的位置等。

66. 【答案】D

【解析】此题考查教师使用 PPT 时的注意点。

A. PPT 不是教材的电子版，所以教师不能简单地将教材内容复制到 PPT 上。PPT 上要目标明确，重点突出，它是教学的有机组成部分。故 A 项有误。

B. PPT 中所采用的各种资源和手段，都必须为词汇教学服务，而不能片面追求华丽的背景，否则本末倒置，甚至会分散学生注意力。故 B 项有误。

C. PPT 的内容固然重要，形式也有讲究。无论多么重要的内容，如果满篇文字罗列和堆砌在一起，会令学生疲惫不堪，失去兴趣。故 C 项有误。

D. 使用 PPT 的目的还在于使学生有效掌握学习内容，虽然 PPT 的使用提高了讲解效率，但留给学生记笔记的时间也缩短了，所以教师要在翻页前，尽量给学生预留出相应的时间做笔记，不要让学生在记笔记的问题上疲于应付。D 项合理。

67. 【答案】D

【解析】此题考查教学对象的特点。材料中教学对象的年龄在 14 岁左右，所以还未成年，在认知方面应该是形象思维占主导，并非抽象思维，故 A 有误。该年龄段的学生上课时注意力比较分散，容易被外界因素所干扰，故 B 有误。在学习新知识时并未达到善于归纳总结的阶段，尚处于直接感知模仿阶段，所以在这一时期，他们的模仿能力和记忆能力相对成人来说就比较强，故 C 有误。D 正确。

68.【答案】B

【解析】此题考查如何根据教学对象的特点设置教学内容。教师在设置教学内容时一定要考虑教学对象的特点，包括年龄、性格、学习水平等各种因素。根据材料，教学对象是处于 14 岁左右的青少年，且都是零起点水平，则教师应该选择贴近日常生活的、较为简单的话题作为教学内容，所以 A、C、D 项都是比较适合的，而 B 项"谈论旅游经历"则相对比较复杂，应该属于中级阶段涉及的话题。

69.【答案】D

【解析】此题考查常用的汉语教材类型。

A. 《新实用汉语课本》是刘珣主编的精读类教材，强调以任务为目标的情景、话题和功能项目的学习，重视语音、汉字、语法、语素等教学，每课前都有导入语。

B. 《当代中文》是由吴中伟主编的精读类教材，会话—语音—汉字三线并进，重视语素教学，简化语法体系，注意情节、情境的个性化，重视世界文化的共通性。

C. 《跟我学汉语》适合 15—18 岁母语为英语的高中学生学习，内容编排上以结构为基础，以功能为目的，以趣味为特点，注重中国传统文化的讲解。

D. 《YCT 标准教程》针对中小学生的认知发展特点，依据第二语言习得规律编写，提供图片、活动、练习等方式，实用性和趣味性有机结合，听说领先，认写跟进。

70.【答案】C

【解析】此题考查现代教育技术在汉语教学中的运用。

B. 依据互动式语言学习理论，教师可以设计一些基于 MSN、SKYPE 等的汉语写作活动，让学生在其中进行互动式双向写作。在这个过程中，学生相互需要询问、澄清、确认以确保沟通顺利进行，这可以为学习者提供语义协商的机会，促进学习者关注自己语言形式的正确性，从而有利于语法学习。

C. 在汉语课堂上，教师并不是以采用最先进的教育技术为原则，而要结合实际情况，尤其是学生的年龄层次、能力水平以及课程的类型，切不可为了追求新颖而忽视了教学的实际情况，否则会适得其反。

D. 教育技术能为汉字教学提供便利的途径。教师可以选择一些动漫课件来介绍汉字的造字起源、构字故事，学生也可以通过一些软件学习汉字的书写和笔顺。现代教育技术既能激发学习者的兴趣，也为汉字教学提供了便利。

71. 【答案】B

【解析】此题考查语言测试与评估的方法。

A. 学能测试：用来预测学习者是否具有学习某种语言的潜力和天赋。主要测试学习者听辨语音的能力、模仿语音的能力、辨认和利用语法形式的能力等。

B. 成绩测试：是一门课程或课型的测试，目的在于检查学习者在某一课程中的学习进展情况，测试内容限于教学大纲之内，如单元测试、期中期末考试等。

C. 水平测试：用来测量学习者现有的整体的语言实际运用能力，以评定是否达到胜任某项任务的要求。如汉语水平考试，托福、雅思考试，它们都具有选拔功能。

D. 诊断测试：为了了解学习者在学习中碰到的困难、存在的问题，通过测试了解情况，以便在随后的教学过程中调整教学方法和计划，有针对性地解决这些问题。

72. 【答案】B

【解析】此题考查中国绘画和西方绘画的异同。

A. 中国画重神似，是线性艺术；西洋画注重形似，是板块艺术。中国画盛用线条，西洋画线条都不显著。中国画人物中的线条特名为"衣褶"，都是艰深的研究功夫。西洋画就不然，只有各物的界，界上并不描线。所以西洋画很像实物，而中国画不像实物，一望而知其为画。

B. 中国画不注重透视法，西洋画极注重透视法。透视法，就是在平面上表现立体物。西洋画力求肖似真物，故非常讲究透视法。而中国人作画同作诗一样，想到哪里，画到哪里，不受透视法的拘束。

C. 中国画不重背景，西洋画重背景。中国画与西洋画这点差别，是由于写实与传神的不同而生。西洋画重写实，故必描背景。中国画重传神，故必删除琐碎而特写其主题，留白较多，以求印象的强明。

D. 中国画题材以自然为主，西洋画题材以人物为主。中国画到了唐代，山水画常为中国画的正格。西洋自希腊时代起，一直以人物为主要题材。中世纪的宗教画，大都以群众为题材。

73. 【答案】C

【解析】此题考查中国绘画知识。文人画泛指中国封建社会中文人、士大夫所作之画，以唐代王维为其创始者。顾恺之是东晋时期著名的画家，其"迁想妙得""以形写神"等论点，为中国传统绘画的发展奠定了基础。吴道子是唐代杰出的画家，尤精于佛道、人物，长于壁画创作，被尊称为画圣。赵孟頫是元初著名书法家、画家、诗人，文人画作为正式的名称，是由元代画家赵孟頫提出的。

74. 【答案】C

【解析】此题考查北宋的经济发展情况。北宋时期经济发展的一大体现就是货币形式的变革，"交子"的出现使得货物的流通更为迅捷。交子是中国最早由政府正式发行的纸币，也被认为是世界上最早使用的纸币，C选项就是交子（纸币）的样式。A选项是流行于春秋战国时期的布币，B选项是流行于唐代的货币"开元通宝"，D选项是流行于秦及汉初的铜币"半两"。

75. 【答案】A

【解析】此题考查北宋时期的民俗文化。

A. 北宋服饰的特点是简洁质朴，女装拘谨、保守，色彩淡雅恬静。其原因是唐王朝没落后，政治上虽然开放民主，但由于"程朱理学"思想的影响，体现在服饰上就是简约质朴，而非珠玉坠饰。

B. 冷饮在宋代发展得很快，而且种类繁多，还出现了冷饮专卖店。

C. 瓦子是一种娱乐兼经营的场所，说书、唱曲、演杂剧等，为了适应市民文化生活的需要而在宋代兴盛。

D. 在住房上，农村百姓多为低矮的茅屋，而贵族官僚宅第宏丽，有前堂后寝。

76. 【答案】A

【解析】此题考查宋朝时期的社会阶层知识。宋朝遵循"重文轻武"的基本国策，大力发展科举，对士人也极为尊重，世人多称宋朝为士大夫政治。宋代儿童启蒙教育念的《神童诗》开篇就说："万般皆下品，唯有读书高。"足见士人在社会中的地位。虽然宋朝经济发展较快，商人也逐渐提高了自己的地位，但还是无法超越读书人的。

77. 【答案】C

【解析】此题考查汉语口语技能的训练重点。不同阶段口语训练的重点是：
①初级阶段：语音、单句、复句和简短的语段。
②中级阶段：语音、比较连贯的语段或话轮。
③高级阶段：语音、起承转合自然的语段或话轮和阐述清晰的语篇。

78. 【答案】D

【解析】此题考查汉语口语课的话题导入。话题导入的目的在于引起学生对本课所学话题的关注。所提问题应该与新课内容密切相关，先让学生就此话题回答一些问题、做简单的对话或成段表达。题目中的四个导入，D项是最为合适的，因为它和新课的开头部分紧密联系，而且该话题也很开放，学生基本都能有话可说。A项虽然出现了课文中的词"美术馆"，但偏离了本课的中心内容，所以不适合做导入。B项的提问太过于生硬，和生活距离太远，不容易引起学生的注意。C项的提问将注意点放在了"爬山"和"打牌"这两个活动的选择上，会让学生误解本课的中心内容，也不适合。

79. 【答案】B

【解析】此题考查教师对语言点的把握能力。所谓语言点，就是指讲课过程中需要重点强调的东西，一般来说都包含着一定的语法知识。这四个选项中，A项"为……起见"可以引出表示目的的小句，是一种语法格式，教师可以据此展开讲解；C项"过来"在这里表示恢复到原来的或正常的状态，是趋向动词的特殊意义，教师也可以展开讲解；D项"省得"表示通过做某事减少不必要的麻烦，教师可以设置相关的情境引导学生使用该词。而B项"主意"虽然是一个生词，但它只是一个简单的名词，其中不包含语法知识，所以不太可能作为语言点处理。

80. 【答案】C

【解析】此题考查口语成段表达练习方式。成段表达练习的着眼点是培养学生组句成段和组段成篇的能力。A项"连句成段"是成段表达训练中比较容易的练习方式，学习者只需根据逻辑关系将句子完整地拼合成段。B项"看图说话"，教师可利用插图、照片、漫画等让学生就此进行某一话题的成段表达。D项"复述短文"，教师可给出关键词，让学生通过添加连接词、关联词等手段，使句与句之间衔接自然。C项"给情境造句"就是用指定的词语叙述情境或将对话补充完整，这并不是成段表达训练的方式，而是句子训练的方式。

81. 【答案】B

【解析】此题考查制定课堂规则时所要遵循的原则。

A. 公平性：指制定规则时教师需要在综合考虑不同学生特点的基础上一视同仁，让学生感到公平、公正。

B. 科学性：对学生的课堂管理，归根到底是对人、对人与人的关系、对环境的调控管理，故制定规则时要符合学生的学习特点、身心发展规律、认知规律等因素。

C. 可操作性：指制定的规则能否顺利、有效地实施。

D. 普遍性：指规则适用于不同的学生，可以被不同的教师反复使用。在制定规则时，教师要有发展的眼光，制定适用于更多学生、学习环境的规定。

82. 【答案】B

【解析】此题考查教师制定课堂规则时需要考虑的因素。

A. 制定规则时要考虑教育环境，特别是不同国家的文化差异。海外教学和国内教学最大的区别就是文化的多样性，因此制定规则时要考虑多元的文化背景。

B. 教室的空间布置对制定课堂管理规则没有很大的影响，可以不用考虑。

C. 学生是规则实施的对象，规则的制定要符合学生的特点，并且要建立在理解和尊重学生的基础上，要分析学生的各种课堂行为，有针对性地制定规则。

D. "教书育人"是教师的职责，制定规则时要体现出教师对学生的"教育"。制定规则不是为了惩罚学生，而是通过合理的要求和有效的措施提醒、帮助学生。

83. 【答案】C

【解析】此题考查教师对迟到的管理办法。

A. 迟到了就站着听课，这种做法会挫伤学生的自尊心。

B. 迟到了就给大家买好吃的，学生一般经济不独立，这样会加重学生的心理负担和经济负担，对中小学生来说更不合理，不具普遍性。

C. 迟到就给大家唱歌或讲故事，这种方式比较合理，这些对学生来说还是可以完成的，但总在大家面前唱歌讲故事也会感到不好意思，由此可以减少迟到次数。

D. 迟到就加大学习力度的做法不合理，这是属于体罚的方式，会引起学生的不满，引起学生的消极抵抗，进而影响师生间的和谐关系。

84. 【答案】D

【解析】此题考查课堂问题行为产生的原因。

A. 学生自身的心理是引起问题行为的重要因素，有些学生想通过做小动作、扰乱课堂纪律等方式来引起授课老师的注意。

B. 教学内容也是引起学生问题行为的因素之一，教学内容的难易程度、有趣与否，都会影响学生上课的注意力，进而影响学生的课堂表现。

C. 教室的空间大小、通风度、课堂气氛都属于教学环境，如若教学环境引起学生的不适感，同样也会促使学生产生问题行为。

D. 教师的教学风格当然也是课堂教学的重要因素，每位教师都有其独特的教学方式，有无鲜明的教学风格并不会影响学生问题行为的产生与否。

85. 【答案】A

【解析】此题考查教师与学生家长沟通的方式。家长是教师开展教育教学工作时有利的资源之一，教师要多建立沟通渠道，保持有效互动。汉语教师与中小学生的家长沟通时要注意很多方面，多谈论孩子行为上的问题，作为老师也要给家长出谋划策，提供一些切实可行的建议，故 B 项合理。另外，不要总在家长面前抱怨孩子的不好，因为每个家长都希望看到孩子的进步，所以教师要多和家长分享学生的优点，这样，父母会更积极鼓励孩子，孩子也有动力，教师也得到了支持，这样就形成了良性循环，故 C 项合理。同时，教师也要注意沟通时的态度，要诚恳积极，不要总发牢骚，否则会传递消极情绪，让家长难堪，也让学生丧失信心，故 D 项合理。而 A 项是不合理的，教师更好地分析问题并不是建立在对学生性格人品的评定上，因为他们并未成熟，现在的表现并不代表他们今后的性格发展，对孩子性格人品的评定是不科学也是不合理的。

86－91.【答案】B、C、F、A、E、D

【解析】86－91题考查"把"字句的分阶段教学。"把"字句无论在结构上还是在语义、语用上都是极其复杂的，所以在教学安排上，应该将其贯穿于初、中、高级的全过程，但我们要依据以下几条原则对"把"字句的教学顺序细加琢磨：

① 结构上：从简单到复杂。

② 频率上：高频率使用的句型在前，低频率使用的在后。

③ 内容上：比较具体的在前，比较抽象的在后。

④ 语用上：强制性"把"字句（不用"把"字句就无法用其他句式来表达的）在前，非强制性"把"字句（不使用"把"字句也可表达该意思的）在后。

⑤ 语体上：口语体在前，书面语体在后。

　　根据上述几条原则，我们对"把"字句 A－F 这 6 个语法点进行一个大致的分类：

B. 句式【S＋把＋O＋V＋在/到＋某处所】应该置于初级阶段，是让学生最先接触的句式之一。因为该句式属于强制性"把"字句，使用频率很高，且具有很强的动作性，教师能用简单的动作演示出来，可以作为引出"把"字句的句式。

C. 句式【S＋把＋O＋V＋结果补语】也应放在初级阶段讲解。表示确定的事物因为动作而发生某种变化，产生某种结果。这类句式出现频率高、适用面广，且学生在学习"把"字句前已基本学会了简单的结果补语，所以该句式不会构成很大难度。

F. 句式【S₁＋把＋N＋V＋给＋S₂】应放在初级阶段的稍后部分进行讲解。该句式也属于强制性"把"字句，使用频率很高，且口语色彩比较浓。但这种"把"字句在结构上稍微复杂一些，因为其中涉及两个人，即施事和受事，所以应放在稍后部分讲解。

A. 句式【S＋把＋O＋V＋着】应放在中级阶段讲解。从内容上看，该句式还是带有很强动作性的，如"把眼睛闭着"，故也可用动作演示出来，结构上也较简单。但从使用频率来看，该句式在生活中并不常用，留学生也很少接触到，故放在中级。

E. 句式【S＋把＋O＋V＋一＋V】也应放在中级阶段讲解。构成该句式的一个重要的格式是动词重叠形式"V－V"，该形式学生已经掌握。但该句式使用频率很低，动词也只局限在"说一说"，且在具体使用中还有一定的限制，所以放在中级阶段。

D. 句式【S₁＋叫/让＋S₂＋把＋O＋V＋补语】应放在高级阶段讲解。从结构上看，它相对比较复杂，属于兼语句，由两个层次套叠而成，难度较大，且该句式属于非强制性"把"字句。另外，该句式的使用频率也不是很高，所以应放在高级阶段。

92. 【答案】C

【解析】此题考查汉语教师确定课堂教学重点的能力。根据不同的教学对象以及不同教学情境设计的课程往往会有不同的教学重点，一般来说，确定教学重点时教师要把握以下三项原则：

① 课堂教学重点应与课程的教学目标保持一致。比如，某课的教学目标主要是培养学生的汉语口语能力，那教案设计就应围绕口语技能及相关语言要素设计。

② 课堂教学重点应与课程组织方案保持一致。在确定教学重点时教师需要对教学单元的内容进行整体规划，在此基础上确定具体课时的教学重点。

③ 确定教学重点时应考虑教学对象的年龄与汉语水平。比如，教学对象为幼年学习者，由于认知能力有限，语法教学可融入到口语、听力或阅读环节中练习。

　　该汉语课为综合课型，因此，语音、汉字、词汇、听说读写技能都应涵盖。但作为初级水平汉语课，应遵循听说先行的原则，教师可将语音、口语以及听力作为教学重点，而汉字、阅读和写作教学可安排相对较少的时间。

93. 【答案】A

【解析】此题考查教师对区域教育环境的分析能力。汉语教师要了解区域文化的特征，是属于竞争型还是参与型教育文化。

① 竞争型教育文化：比较重视学习成果，常通过测试类的形式来检验学生的学习效果，给学生排名次或选拔学生。汉语课程要注重教学内容的系统性和丰富性，教学需要具有一定的难度和强度。课堂活动也比较紧凑，学习内容明确清晰。

② 参与型教育文化：比较注重教育的过程，关注学生的学习体验与经历，教学活动的形式更加丰富多样，更强调学生的参与，且测试频率较低。汉语课程更注重教学内容的实用性和生动性、课堂活动的趣味性与多样性，同时可以安排适量的文化课，让学生体会到汉语学习的快乐。

94. 【答案】D

【解析】此题考查教师合理安排课时的能力。该课课型为综合课，所以教学内容会涉及汉语言要素教学和汉语技能教学。一般来说，综合课分两个课时完成，教学内容的分配方法如下：

① 按语言要素和技能切分教学内容。第一个课时运用于该课的生词与语法教学，第二个课时运用于课文理解以及听说读写拓展活动。

② 将课文切分为两段安排课时。第一个课时和第二个课时分别运用于前半段和后半段课文的生词、语法、课文教学及相关听说读写活动。

　　鉴于材料中的对话内容较短，不适合拆成两半来教学。江老师可以按照语言要素和技能来切分教学内容，即第一个课时运用于该对话生词与语法点的讲解与操练，而将第二个课时用于课文理解以及听说读写巩固活动。

95. 【答案】A

【解析】此题考查教师对课文生词的处理能力。该课的生词有16个，对于45分钟的课时来说可能偏多，且教学情境的限制又不能使课程进度过快。因此需要根据生词的实用程度和使用频率进一步进行筛选。"月底""暑假""中旬""钢琴"这几个词相对来说没有其他几个实用，因此不作为生词的教学重点，简单操练即可。能作为重点教学的生词有7个：放假、生日、南方、旅行、快乐、考试、开心。剩下的5个生词则应纳入语法点的教学环节处理，不放在生词的教学环节。它们可以构成的语法点形式为：①时间词＋以前/以后；②打算去＋place＋verb；③什么时候＋verb；④别＋verb。

96. 【答案】B

【解析】此题考查教师导入语言点的方法。在讲解一个新的语法项目之前，教师最好要设计一个简短的导入。所谓语法点的导入，就是把语法项目介绍给学生。导入得法，可以吸引学生的注意力，帮助学生理解，降低学习难度。

① 情景导入法：教师设置一个真实的情景来导入语法点。比如，在学习表示领属关系的"S的N"之前，教师可从学生那里收集几样东西，然后问："这是谁的笔?"引导学生回答出："这是我的笔。"

② 话题式导入法：简单地说就是通过聊天的方法自然导入。材料中江老师的做法就属于话题式引入，由谈论学生的作息来导入"以前/以后"的语法点。

③ 课文引例导入法：直接从课文中找出包含要讲的语法点的句子，用这些句子导入。或者将课文内容掰开、揉碎，变成一个个问题，通过问问题的形式导入。

④ 以旧带新导入法：如果新的项目和以前所学的某一内容相关，教师可以通过复习已经学过的语法项目带出新的语法项目。

97. 【答案】C

【解析】此题考查教师设计课堂活动的注意点。

A. 学生是课堂教学的中心，教师则是课堂教学的主导。教师所设计的课堂活动需要从学生出发，了解他们的学习需求和文化背景，以便更有效地开展课堂活动。

B. 教师在设计课堂活动时应该选择趣味性话题，但趣味性应从学生的角度判断，也即学生是否对该话题有话要说，是否有兴趣讨论。所以话题要贴近学生的生活。

C. 课堂活动虽然要追求多样性、趣味性，但不是越新颖越好，课堂活动设计首先要考虑的是教学内容和教学对象，而不是为了活动而活动，否则会适得其反。

D. 课堂活动设计的初衷是为了通过轻松有趣的方式帮助学生练习语言点。所以活动还是要围绕本课的生词和语法展开，不是无目的的游戏玩乐。

98. 【答案】A

【解析】此题考查多元智能理论与汉语教学活动的联系。"多元智能"包括语言智能、逻辑数学智能、视觉空间智能、肢体运动智能、音乐智能、人际智能、内省智能、自然观察者智能。而"多元智能"与汉语教学可以有机结合起来，尤其是设计出多样的课堂/课外活动，从多方面培养学生的汉语技能。材料中播放视频录像、根据照片提问回答的设计都属于视觉空间智能的开发，创造真实、形象、直观的语言环境，激活学生的视觉空间智能，对语言教学的作用不言而喻。

99. 【答案】B

【解析】此题考查教师组织课外活动的能力。

A. 虽然学生是课外活动参与的主体，教师只是一个辅导者，但这并不意味着教师在其中不管不顾。在分配任务时，教师也要参与其中，将小组内的任务细化，保证每个学生都能分配到一个任务，这样就能鼓励大家都参与进来。

B. 在分小组时，教师要注意每组学生的语言水平，尽量给每个组都安排一个水平较高的学生，让他带动整个小组积极完成任务，这也是合理安排资源的方式。

C. 在分小组时，教师最好将不同文化背景的学生分配到一起，这样有利于学生取长补短，在文化碰撞中互相学习，也有利于培养学生跨文化的视野。

D. 在分小组时，教师应该要考虑到学生的性格特点，最好将外向型性格的和内向型性格的分到一起，让前者带动后者多说话、多参与，前者也会在后者的影响下更踏实、更理智。这样的分配方式能让学生取长补短，互相学习。

100. 【答案】C

【解析】此题考查教师灵活运用第二语言教学法的能力。

A. 听说语言教学法：主张听说领先，重视口语学习，并将句型作为语言学习的核心内容。句型替换、完成句子、转换句子等方式在听说法的课堂中比较常见。听说法操作简单，训练效率高，但训练方式比较机械，课堂气氛沉闷。

B. 交际语言教学法：以培养语言学习者交际能力为根本目标，强调在真实情境中练习语言。在课堂上教师常常模拟真实生活，设计任务来帮助学生训练语言。交际法能满足学生运用语言的实际需求，但很难保证语法学习的系统性和准确性。

C. 任务型语言教学法：强调语言教学应以任务为中心，该"任务"必须具有明确的目标以及清晰的步骤，一般要求学生协作完成，强调互动性。教师一般要帮学生做好词汇和语法上的准备，帮助学生训练真实的语言交际能力。材料中的活动方式就属于任务型语言教学法。

D. 全身反应语言教学法：主张通过肢体动作来理解语言。在课堂中教师用目的语给出指令，学生则用肢体语言来互动和回应，并同时说出目标语言。由于需要结合肢体动作，该方法适合教授内容比较具体的词语或语法结构。

说明：第三部分"综合素质"为情境判断题，考查考生的个人态度倾向，没有统一的标准答案。

《国际汉语教师证书》考试模拟试卷二

答案与解析

第一部分

1. 【答案】B

   【解析】此题考查舌面元音舌位图中"a"的发音。选项A"舌面前、低、不圆唇元音"为复元音"ai"中的"a";选项C"舌面后、低、不圆唇元音"为鼻音韵母"ang"中的"a";选项D"舌面后、半高、不圆唇元音"为元音"e"。

2. 【答案】B

   【解析】此题考查元音"i"的发音。选项A"后、高、不圆唇舌尖元音"是出现在"zh、ch、sh、r"后的"i";选项C"前、高、不圆唇舌面元音"是"i、in、ing"中的"i";选项D"前、次高、不圆唇舌面元音"是"ai、ei、uai"中的"i"。

3. 【答案】C

   【解析】此题考查辅音的发音方法。

   按照成阻和除阻的方式,普通话辅音可以分成5类:

   ① 塞音:成阻部位完全封闭气流通道,然后突然除阻,让气流迸裂而出,爆发成音。共6个:b、p、d、t、g、k。

   ② 擦音:成阻部位不完全封闭气流通道,构成气流阻碍的两个部分之间留一条窄缝,让气流从中挤出,摩擦成音。共6个:f、s、sh、r、x、h。

   ③ 塞擦音:发音部位先完全封闭,然后打开一条窄缝,让气流从中挤出。成阻时为塞音状态,除阻时为擦音状态,两个过程连接紧密,一次完成。共6个:z、c、zh、ch、j、q。

   ④ 鼻音:成阻部位完全堵塞口腔气流通道,软腭下垂,打开鼻腔通道,声带振动,让发音气流从鼻腔中出来。共3个:m、n、ng。

   ⑤ 边音:发音部位始终接触成阻,声带振动,迫使气流从舌缘的两边通过。普通话里只有1个边音:l。

4. 【答案】C

   【解析】此题考查现代汉语辅音个数。ng不是声母但它是一个辅音。声母有21个。

5.【答案】B

【解析】此题考查音素的定义。音素是从音色角度划分出来的最小的语音单位。音色是声音的物理属性之一，又叫音质、音品，是声音的特色，主要取决于声波振动的形式。

6.【答案】B

【解析】此题考查现代汉语普通话中四声的调值。调值是指音节发音高低、升降、曲折、长短的变化值。现代汉语普通话中四声的调值分别是：55（阴平）、35（阳平）、214（上声）、51（去声）。

7.【答案】A

【解析】此题考查方言区的代表方言。汉语的方言通常可以分成7大类：

① 北方方言，也称北方话、官话，以北京话为代表。北方方言区又可以分成四个次方言区：华北官话、西北官话、西南官话、江淮官话。

② 吴方言，也称江南话或江浙话，以上海话为代表。

③ 湘方言，也称湖南话，以长沙话为代表。可分为新湘语和老湘语两个方言片。

④ 赣方言，也称江西话，以南昌话为代表。

⑤ 客家方言，又称客话，以广东梅县话为代表。

⑥ 闽方言，又称福佬话，以福州话为代表，分为闽南、闽东、闽北、闽中、莆仙五个次方言。闽南方言以厦门话为代表，闽东方言以福州话为代表，闽北方言以建瓯话为代表，闽中方言以永安话为代表，莆仙方言以莆田话为代表。

⑦ 粤方言，也称白话，以广州话为代表。

8.【答案】D

【解析】此题考查语言的变体。将"zh"发成"j"是女性群体中会出现的一种情况，近年来成为网络新词后适用范围才得以扩大。

现代汉语的社会变体有5类：

① 性别变体，男性讲话多涉及政治、体育、经济等方面的词语，而女性讲话多涉及日常生活方面的词语；女性的调值一般比较高。

② 年龄变体，典型的是青年变体和中老年变体：青年人多使用新词语，体现了青年人的创新和求异的心理；中老年人多使用旧词，反映了中老年人守旧和求稳的心理。

③ 行业变体，是社会群体内部由于特殊交际需要形成的自身词汇特点，如股市用语、计算机用语、经济用语等。

④ 阶层变体，由于社会阶层不同而形成的社会变体，如工人变体、农民变体、军人变体、知识分子变体等。知识分子常选用标准变体，书面词语较多，选用的称谓系统也比较持重，而工人、农民常使用地域变体，偏重口语词，较多选用亲昵的称谓系统。

⑤ 社区变体，在香港、澳门、台湾等地以及海外华人中间形成的具有社区特色的变体，主要反映在词汇方面，例如：打工皇帝、直通车、夹心阶层、金鱼缸等。

9．【答案】C

【解析】此题考查造字法。"北"的造字法是会意，是"背"的初文。A项为形声，形声字还有：湖、盛、疤等；B项为指事，指事字还有：末、刃、一等；D项为象形，象形字还有：水、鸟、木等。

10．【答案】A

【解析】此题考查造字法。象形字多描画自然界和日常生活的实物。"瓜"的甲骨文 ，描画了挂在藤上的瓜的形象。

11—15．【答案】E、B、D、C、A

【解析】11—15题考查现代汉语构词法。现代汉语词汇可以分为三大类：

① 单纯词，是由一个语素构成的词。如联绵词：伶俐、逍遥、玛瑙、猩猩；口语词：溜达、囫囵、蘑菇；音译词：克隆、咖啡、葡萄等。

② 合成词，是由两个或两个以上语素构成的词。如重叠词：叔叔、渐渐、大大咧咧；派生词：阿姨、老虎、老鹰（前缀＋词根），椅子、胖子、前头（词根＋后缀）。

③ 复合词：由词根和词根组合而成的词，有多种类型：

联合式：思想、眉目、东西

偏正式：火车、马上、热爱

述宾式：出席、伤心、管家

述补式：扩大、降低、削弱

主谓式：面熟、雪崩、耳鸣

量补式：书本、人口、花朵

16—20．【答案】B、A、C、D、E

【解析】16—20题考查熟语类型。熟语是语言中相沿习用的固定结构，现代汉语的熟语系统包括：

① 成语：是历史上沿用下来或群众中长期流传、见解精辟并含有特定意义的固定词语，如：黄粱美梦、投笔从戎、文质彬彬、七嘴八舌、物以稀为贵、青出于蓝而胜于蓝等。

② 谚语：是流传于民间的形象通俗而含义深刻的语句，如：三个臭皮匠，顶个诸葛亮；磨刀不误砍柴工；种瓜得瓜，种豆得豆；失败是成功之母等。

③ 惯用语：是口语中形成的表达一种习惯含义的固定词组，如：磨洋工、穿小鞋、揭不开锅、生米煮成熟饭等。

④ 歇后语：是由前后两个相关的部分构成的带有隐喻性质的风趣形象的固定短语，前一半近似于谜面，后一半相当于谜底，如：芝麻开花——节节

高、聋子拉二胡——胡扯、老九的弟弟——老实（十）、孔夫子搬家——尽输（书）等。

21—25.【答案】D、A、C、B、E

【解析】21—25题考查复句类型。复句共有十种类型：

① 并列复句，分句之间是"标事—并事"的关系，常用的关联词语如：也、又、还、一来……二来……等；

② 选择复句，各分句分列几种情况，从中选择一个，常用的关联词语如：或者、要么、是……还是……、不是……就是……、宁可……也不……；

③ 递进复句，前句提出一个情况，后续分句以此为基准在数量、范围、时间、功能上推进一层，常用的关联词语如：不仅、不单、而且、不但……而且……、尚且……何况……；

④ 补充复句，后续分句对于前行分句做一些追补、解说，如："咱们家有项家规：生气不超过5分钟"；

⑤ 连贯复句，分句之间是"先事—后事"的关系，常用的关联词语如：一……就……、首先……然后……、开始……接着……；

⑥ 因果复句，分句之间是"原因—结果"的关系，常用的关联词语如：因为……所以……、既然……就……、可见等；

⑦ 条件复句，前句说出条件，后句从条件推出结果，常用的关联词语如：如果……就……、如果说……那么……、只有……才……、只要……就……；

⑧ 目的复句，分句之间是"目的—行为"的关系，常用的关联词语如：为了、以便、旨在、以免、省得等；

⑨ 转折复句，后一句与前一句形成转折语义，分句间是"事实—转折"的关系，常用的关联词语如：然而、但是、可是、不过等；

⑩ 让步复句，分句之间是"假设—转折"的关系，常用的关联词语如：即使……也、哪怕、就是等。

26.【答案】B

【解析】此题考查言语交际中的会话合作原则。数量准则指说话所含信息量与本次交谈所需信息量应一致；质量准则指话语提供的信息内容必须跟语境中的实际情况相一致；关联准则指话语之间以及话题之间应相互关联；方式准则指话语的表达方式应让受话者易于理解。曾思懿显然是说了明知是不真实的话，违反质量原则。她是曾家的媳妇，按当时的习俗一定是曾家的人，说她自己在曾家"吃闲饭、一住就是四年"显然是不真实的。

27.【答案】C

【解析】此题考查言语交际的相关概念的提出者。

① 英国学者利奇在格赖斯会话含义理论的基础上又提出了"礼貌原则"（politeness principles）的六项准则，即得体准则、慷慨准则、赞誉准则，

谦逊准则、一致准则和同情准则。

② 社会语言学家海姆斯在 20 世纪 60 年代首次提出了"交际能力"（communicative competence）的概念，即运用语言（或非语言手段）进行社会交往的能力，包括传递信息、交流思想和表达感情。既用口头形式，也用书面形式；既指说、写的表达能力，也指听、读的理解能力。

③ 美国语言哲学家格赖斯在 20 世纪 60 年代中期提出了会话含义理论，他认为会话能顺利进行需要双方的配合，共同遵循一些基本原则。他提出的"合作原则"包括四项：量的准则、质的准则、关系准则和方式准则。

④ 奥斯汀在 20 世纪 50 年代末提出了"言语行为理论"，指出语言不仅是描写、陈述和说明客观世界，提供信息，而且人们说出话语也是一种行为。

28. 【答案】C

【解析】此题考查奥斯汀的言语行为理论。以"屋里很热"这句话为例：言内行为是说话人通过发声把这句话说出来，它表达的是字面的意思（进屋后的感觉）；言外行为则是通过这句话来表达隐含的真正意图，这就是言外之意（应该把窗户打开）；言后行为则是指这句话对听话人带来的影响（去打开窗户）。曾思懿的一番话激怒了江泰，这也就是曾思懿的一段话带来的后果。

29. 【答案】A

【解析】此题考查卡奈尔的交际能力的四个方面。

① 语法能力：指对语言规则系统的掌握，包括拼写、语音、词的组成、词汇、句子结构等，并掌握听说读写技能，能辨别并造出合乎语法的句子。

② 社会语言能力：指掌握语用规则，在真实的情景中得体地运用语言的能力。

③ 话语能力：指运用话语进行连贯表达的能力。

④ 策略能力：指交际中根据发生的情况，灵活地处理语言的能力。

30. 【答案】C

【解析】此题考查对外汉语教学内容。语构文化包括词、词组、句子和话语篇章的构造体现出来的文化特点，反映了民族的心理模式和思维方式；语义文化指语言的语义系统，主要是词汇中所包含的社会文化含义，反映了民族的心理模式和思维模式；语用文化指语言应用于交际中的语用规则和文化制约，是由不同的习俗文化决定的。

31. 【答案】B

【解析】此题考查偏误分析的提出者。

① 舒曼：从语言和文化的关系出发，把第二语言习得的过程看作是逐步适应目的语文化的过程，认为第二语言习得者对目的语文化的适应程度决定该目的语的掌握程度。

② 拉多：认为第二语言的获得是通过刺激—反应—强化形成习惯的结果。因

此在习得第二语言的过程中，学习者已经掌握了第一语言的行为习惯，因此就存在第一语言习惯的迁移问题。迁移又可以分为正迁移和负迁移。

③ 乔姆斯基：他所提出的普遍语法理论，对于第二语言习得的研究仍有重大的参考价值，普遍语法在第二语言的习得过程中仍然起作用。

关于第二语言习得的主要理论和假说还有：塞林克提出的中介语假说，即研究第二语言习得者在学习过程中的语言系统和习得规律的假说；科德提出的内在大纲习得顺序假说，指出第二语言习得者在习得过程中有其自己的内在大纲，学习者的偏误就是这些大纲的反映；克拉申的输入假说，包括习得与学习假说、自然顺序假说、监控假说、输入假说和情感过滤假说。

32. 【答案】A

【解析】此题考查偏误形成的原因。偏误的来源包括：

① 母语负迁移：学习者在不熟悉目的语规则的情况下依赖母语知识而造成的偏误，如：那个鸡很胖（fat 在英语中既可以用于指人，也可以用于指动物或者肉类）；

② 目的语知识负迁移：学习者把所学的有限的不充分的目的语知识用类推的办法不适当地套用在目的语新的语言现象上。如：我们每天两小时学习。（两小时为时量补语，此处为状语的过度泛化）。

其他的还有文化因素负迁移，学习策略和交际策略的影响，学习环境的影响造成的偏误等。

这句话后金一又用母语说了一句意思相同的话，显然是受到了母语负迁移的影响。

33. 【答案】A

【解析】此题考查出现偏误较多的离合词的用法。其他项都是可以一个人做的事情，只有 A 项和"吵架"一样，都必须由两个人来完成，所以留学生在使用"结婚"时，也有可能出现"结她的婚"这样的偏误。

34. 【答案】B

【解析】此题考查造成偏误的原因。性质形容词可受"很"的修饰，形容词重叠后表状态，状态形容词不能再用"很"修饰，此处为形容词前可加"很"修饰这条规则的过度泛化。

35. 【答案】C

【解析】此题考查偏误的定义及其影响。偏误是在学习者学习过程中由于目的语掌握不好而产生的一种规律性错误，它偏离了目的语的轨道，反映了说话者的语言能力和水准。偏误会一直伴随学习目的语的各个阶段。对于偏误，教师不必将其视为大敌，也不应过分挑剔，重要的是要鼓励学习者积极地进行语言交际，不要因为怕犯错而不敢大胆运用语言。

36.【答案】B

【解析】此题考查汉语口语技能的训练重点。下面说明不同阶段口语训练的重点：

① 初级阶段：语音、单句、复句和简短的语段。

② 中级阶段：语音、比较连贯的语段或话轮。

③ 高级阶段：语音、起承转合自然的语段或话轮和阐述清晰的语篇。

37.【答案】A

【解析】此题考查复句中连贯复句的类型。除了 A 项和句（2）相同，是顺连式，其余均为互连式。

38.【答案】A

【解析】此题考查单音节形容词重叠式的变调。单音节形容词 AA 重叠式在口语中表示期望、祈使、亲切等语气时，第二音节多读为阴平。

39.【答案】D

【解析】此题考查"了"的分布和功用。"了"从表示的语义来看：

① 附在行为动词之后，表示该行为已经实现并完成，如：他做了两块糕＝他做好了两块糕＝他做成了两块糕；

② 附在心理动词和状态动词之后，表示该心理和状态开始并持续，如：我懂了＝我开始（而且之后继续）懂了；

③ 附在性质形容词之后表示该性质变化后的实现，如：灯亮了＝灯由暗变成亮的了。

"挂了"和"懂了"表示状态或心理已经开始并持续，"红了"表示该性质出现，"吃了"表示完成，所以选 D。

40.【答案】B

【解析】此题考查根据课文内容进行推理。从最后一句话可推断出他们即将坐飞机，由此此课的拓展话题为"旅游"。如果是关于存放东西，那么课文内容应该围绕东西归类和归纳来展开；如果是关于找东西，那么课文最后应该是围绕如何快速找到东西来展开；如果是关于购物，那么课文最后他们的目的地应该是商场或者免税店。

41.【答案】C

【解析】此题考查难度等级模式的类别。汉语中的声调、汉字是英语中没有的，属于四级难度；汉语中有标记的被动句在英语中也存在，所以是一级难度。英语和汉语中都有被动句，但汉语中除了有标记的由"被、叫、让"等表示的被动句外，大量的则是无标记被动句，还有像"是……的"等表示被动意义的句子。

42.【答案】B

【解析】此题考查第二语言习得理论。我们知道英语动词 visit 在汉语中可译为"参观""访问""看望"三个动词，各与不同的宾语组合。"参观"的宾语只能是表示场所机构的事物，"看望"的宾语只能是人，而"访问"则指人指事物均可。这说明第一语言中的一个语言项目到了目的语中分成了两个或两个以上的项目，需要学生克服第一语言所形成的习惯，逐项加以区别，才能在目的语中正确使用，这是该模式中难度最高的一项，是第五等级的难度。

43. 【答案】A

【解析】此题考查语言学能的分类。语言学能由卡罗尔提出，包括语音编码解码能力，即识别语音成分并保持记忆的能力，常采用对一种新的语言从声音辨认符号或从符号辨别声音的试题；语法敏感性，即识别母语句法结构和语法功能的能力，如在试题的句子中找出与例句某一成分具有相同语法功能的词；强记能力，即在较短的时间内能迅速记住大量语言材料的能力，尤其是强记大量新语言生词的能力；归纳能力，即从不熟悉的新语言素材中归纳句型和其他语言规则的能力。

44. 【答案】C

【解析】此题考查第一语言和第二语言习得的不同点。学习第二语言是为了融入目的语环境中去，并非是出于生存发展的需要；在学习第二语言的同时，除非是专门安排，并不一定能同时习得该目的语的文化；在学习第二语言时，除了教学环境中教师可能会使用"i+1"式的照顾语言外，其他环境的语言都不是照顾式的。

45. 【答案】B

【解析】此题考查对比分析的步骤。对比分析的步骤包括以下内容：

① 描写：对目的语和学习者的第一语言进行详细的、具体的描写，作为对比分析的基础；

② 选择：在两种语言中选择进行对比的某些有意义的语言项目或结构；

③ 对比：对两种语言中选择好的语言项目或结构进行对比，找出两种语言的相同点和不同点；

④ 预测：在对比的基础上对第二语言学习者在学习中可能出现的困难和发生的错误进行预测。

46. 【答案】B

【解析】此题考查加涅的八类学习。

1970 年加涅根据学习的繁简水平不同，提出了八类学习：

① 信号学习：即经典性条件作用，学习对某种信号作出某种反应。其过程是：刺激—强化—反应。

② 刺激—反应学习（S-R 的学习）：即操作性条件作用，与经典性条件作用不同，其过程是：情景—反应—强化，即先有情景，作出反应动作，然后得到强化。

③ 连锁学习：是一系列刺激—反应的联合。

④ 言语联想学习：也是一系列刺激—反应的联合，但它是由言语单位所联结的连锁化。

⑤ 辨别学习：即学会识别多种刺激的异同并对之作出不同的反应。

⑥ 概念学习：对刺激进行分类时，学会对一类刺激作出同样的反应，也就是对事物的抽象特征的反应。

⑦ 规则学习：规则指两个或两个以上概念的联合。规则学习即了解两个或两个以上概念之间的关系。

⑧ 解决问题的学习：即在各种情况下，使用所学规则去解决问题。

加涅的这一分类由简单到复杂，由低级到高级。前三类学习都是简单反应，许多动物也能完成。而且事实上，这几类学习大多是从动物实验中概括出来的。

47.【答案】B

【解析】此题考查概念学习的内容。概念可分为定义性概念和具体概念。定义性概念指不能通过直接观察，只能通过概念的定义获得的概念；具体概念是指能够通过观察概念的正反例证而获得的概念。

48.【答案】C

【解析】此题考查关于学习的著名实验。华生的实验是"婴儿恐惧形成实验"，桑代克的实验是"饿猫开迷笼"，布鲁纳与行为主义无关。

49.【答案】A

【解析】此题考查加涅关于学习的 4 个阶段。回忆阶段指的是通过检索系统进行提取，使学生获得的信息在作业或练习中表现出来；获得阶段指的是对新获得的刺激进行知觉编码后，储存在短时记忆中；保持阶段指的是对于已经获得的信息进行编码，进入长时记忆储存。

50.【答案】C

【解析】此题考查加涅的学习结果分类。加涅的学习结果分类包括言语信息、智慧技能、认知策略、动作技能和态度。其中前四种属于能力范畴，第五种即态度，属于情感领域。

第二部分

51.【答案】A

【解析】此题考查教师对于汉语词汇等级的了解程度。出现的词汇都属于初级词汇，且这一任务是在日常生活中常见的，在学生学习汉语之前就已经做过的事情，易于接受，故选 A。

52.【答案】B

【解析】此题考查对教学语法项目的判断。因为布置房间的过程中要运用到"把"字句，如"我要把床放在卧室"，故选 B。

53. **【答案】D**

【解析】此题考查教学模式。

传统教学模式的流程为：复习，新课教学（生词讲练、话题导入、语言点讲练、课文讲练、自由表达），小结，布置作业。这种模式的优点在于内容系统全面，可以模式化，但同时讲练容易失调，学生开口率较低。

改良版的传统教学为：课前教师确定主题，布置任务；课堂中学生轮流发言或小组讨论，教师点评；课后进行延伸性写作任务。这种模式适合中高级，以学生的表达为主，但教师的指导会缺乏系统性。

任务型教学模式一般分为三个阶段：任务前，让学生回忆学过的有关词语、结构，用于完成交际任务，同时让学生把要说的话写下来；任务中让学生分组进行表演，表演同时不能看书面材料；结束任务后教师进行点评。这种模式适合中高级阶段的学生，以学生为中心，课堂气氛较为活跃，容易调动学生的积极性。

这节课"布置房间"这一任务始终伴随课堂的始终。

54. **【答案】C**

【解析】此题考查归纳课堂主题的能力。环节（4）是比较两个房间的不同，虽然和"布置房间"这一任务有关，但运用到的句型和本课无关，所以此环节可以去掉。

55. **【答案】A**

【解析】此题考查根据课堂内容判断学习阶段。小学初级的学生对于动手的活动积极性较高，运用捏橡皮泥这项活动有助于小学初级学生掌握汉字。另外，所教内容为复习颜色词及汉字基本笔画，为初级内容。

56. **【答案】A**

【解析】此题考查大脑中关于语言的各区域。书写中枢位于靠近布洛卡区的大脑左半球前部，布洛卡区是说话中枢，韦尼克区是听觉性语言中枢，靠近韦尼克区的语言区是视觉性语言中枢。

57. **【答案】B**

【解析】此题考查根据课文内容布置作业的能力。在这节课的教学中，捏橡皮泥就等同于写汉字，同时考虑到所教对象的特点，用橡皮泥捏汉字作为作业更为适合。

58. **【答案】C**

【解析】此题考查笔画。病字旁下的部分笔画顺序是：撇，竖，横，横折，横，横，竖，横撇，捺。

59. **【答案】C**

【解析】此题考查分析学生如何出错的能力。教师的讲解中，虽没有明确说明，但也是着重于事物的常态的，而学生对于这种讲解进行了主观的过度概括，因此会出现"一张小狗"的错误。

60. 【答案】C

【解析】此题考查对外汉语教师关于词语的解释能力。在对学生的问题进行解释时，不能一味地用"习惯用法"来搪塞，而是要帮助学生理解为什么这么用，在什么情况下这么用，同时也不能一味地否定学生，打压学生的积极性。

61. 【答案】B

【解析】此题考查现代汉语量词的分类。借用的动量词主要包括：时间量词，如"年、月、日"；器官量词，如"看一眼、踢一脚、打两拳"；工具量词，如"砍一刀、放一枪"；伴随量词，如"唱一曲、走一步、喊一声"；同形量词，如"看一看、走一走、敲一敲"。

62. 【答案】D

【解析】此题考查测试的分类。

A. 学能测试：用来预测学习者是否具有学习某种语言的潜力和天赋。主要测试学习者听辨语音的能力、模仿语音能力、辨认和利用语法形式的能力等。

B. 成绩测试：是一门课程或课型的测试，目的在于检查学习者在某一课程中的学习进展情况，测试内容限于教学大纲之内，如单元测试、期中期末考试等。

C. 水平测试：用来测量学习者现有的整体的语言实际运用能力，以评定是否达到胜任某项任务的要求。如汉语水平考试、托福雅思考试，它们都具有选拔功能。

D. 诊断测试：为了了解学习者在学习中碰到的困难、存在的问题。通过测试了解情况，以便在随后的教学过程中调整教学方法和计划，有针对性地解决这些问题。

63—67. 【答案】B、A、E、C、D

【解析】63—67题考查语法教学方法：情景法。首先营造语法点出现和使用的特定场合，从而引出语法点，再向学生展示语言点，之后进行操练、检查，最后再引申出相关的语法让学生进行学习。

68. 【答案】C

【解析】此题考查第二语言教学方法。全身反应法倡导把语言和行为联系在一起，通过身体动作教授外语，同时强调在真正的情景里面来进行教学。本课的数字表达方法运用了手势，协调了上肢动作，因而是全身反应法。

69. 【答案】B

【解析】此题考查全身反应法的应用范围。全身反应法强调语言学习行为的协调，幼儿时期很难接受枯燥的语言知识，因此用全身反应法来教学效果会更好。

70. 【答案】D

【解析】此题考查第二语言教学法各分支流派。

第二语言教学法流派	重语言结构规则		重语言功能意义	
	课堂中自觉学习		课堂内外交际中自然习得	
	认知派	经验派	人本派	功能派
	语法翻译法 自觉对比法 认知法	直接法 阅读法 情景法 听说法 视听法	团体语言学习法 默教法 全身反应法 暗示法	交际法
	自觉实践法		自然法	

　　认知派教学法包括语法翻译法、自觉对比法；经验派主要是直接法、阅读法、情景法等；功能派教学法是交际法。

71. 【答案】C

【解析】此题考查第二语言教学法各分支流派。自觉对比法属于认知派，视听法属于经验派，交际法则属于功能派。

72. 【答案】A

【解析】此题考查教学法之间的对比。

　　听说法有以下特点：

① 教材为对话形式，授课以语言结构为大纲，顺序按照语法项目安排。

② 侧重模仿、牢记。句型和词组通过反复操练来掌握，不着意解释语法，靠归纳法理解。每一堂课严格限制词汇范围，生词在上下文中学习。

③ 教师尽量用外语讲课，高度注重学生发音的准确性，极力使学生不说错句。对学生正确的反应要立刻鼓励、赞许，使其得到强化。

④ 充分运用磁带、语言实验室和视听教具。

　　交际法的特点有：

① 课堂教学的目标集中在交际能力诸方面，而不限于语法或语言能力。

② 组织和安排课时，以语言功能（function）为单元，而不是以语法结构为框架。

③ 以传递信息为主，发音、语法的准确性为副。交际成功的标准是能够传达和接受想要表达的意思。

④ 课堂上鼓励学生即兴表达，用大量真实性的语言流畅地说，最终达到在接受（听、读）和表达（说、写）方面使用语言。

73—78.【答案】C、F、D、A、E、B

【解析】73—78题考查常用的6种纠错方法。

① 重铸即把学生的偏误句用正确的方式重述一遍。

② 要求澄清的做法是出现偏误句时要求学生重新表达。

③ 重复即用升调重复学生的偏误，以引起学生的注意。

④ 诱导是通过提问其他学生诱导学生说出正确的句子。

⑤ 明确纠正是直接指出错误并告诉学生正确的形式。

⑥ 提供元语言知识即讲解语言本身的差异，让学生意识到自己的错误。

79.【答案】C

【解析】此题考查比较语言点难易度。"要是……就好了"这是一个假设复句结构，比其他项的难度更大一些，因此是重点讲解的句型。

80.【答案】C

【解析】此题考查判断句子成分。"晚上"是状语，"睡"是谓语，"好"是补语，"觉"是宾语。

81.【答案】D

【解析】此题考查根据词语义项数判断难易程度。"空调"只有一个义项，而其他选项的词语都至少有两个义项。

82.【答案】B

【解析】此题考查语气词"吧"的意义和用法。A项"吧"表示陈述语气；B项和例句相同，都表示猜测语气；C项表示的是祈使的语气；D项则是用于举例的成分之后，起到显示话题的作用。

83.【答案】C

【解析】此题考查"是"在强调句中的用法。选项C的"是"表示判断，其他项的"是"都含有强调的语气和功能。

84.【答案】D

【解析】此题考查交际法的特点。交际法教学有9个主要特征：

① 以培养交际功能为宗旨，明确提出第二语言教学目标是培养创造性地运用语言的交际能力，不仅要求语言运用的正确性，还要求得体性。

② 以功能意念为纲。根据学习者的实际需要，选取真实自然的语言材料，而不是经过加工后的"教科书语言"。

③ 教学过程交际化，交际既是学习的目的也是学习的手段，在教学中创造接近真实交际的情景并多采用小组活动的形式，通过大量言语交际活动培养运用语言交际的能力，并把课堂交际活动与课外生活中的交际结合起来。

④ 以话语为教学的基本单位。认为语言不是存在于孤立的词语或句子中，而是存在于连贯的语篇中。

⑤ 单项技能训练与综合性技能训练相结合，以综合性训练为主，最后达到在交际中综合运用语言的目的。

⑥ 对学习者在学习过程中出现的语言错误有一定的容忍度，不影响交际的错误能不纠就不纠，尽量鼓励学习者发挥言语交际活动的主动性和积极性。

⑦ 强调以学生为中心，教学要为学生的交际需要服务，以语言功能为纲，根据学以致用的原则，针对不同专业的学习者安排"专用语言"的教学。

⑧ 主张采用多种教学手段，不应是仅仅一本教科书，而应该是"教学包"，即教师用书、辅导读物、磁带、挂图、录像、电影、电视等。

⑨ 让学生处于情景之中，身临其境地感受氛围，用目的语进行交际，是交际教学的精髓。

只有角色扮演时，学生才会有和他人交际的机会，而运用语言进行交际则是"交际法"所看重的一点。

85－89.【答案】D、B、C、F、A

【解析】85－89题考查语法教学的几种常用方法。

① 直观法：利用实物、图画、表格、示意图等辅助手段，化抽象的定义为具体形象的图示，学生比较容易理解和掌握。例如讲解趋向补语时，可以画简笔画的房屋、楼梯来表示"进来、出去、上来、下去"。

② 演绎法：先展示语法规则，然后用实例来说明，便于学生自行替换、生成与扩展。例如讲"比"字句，教师可以先给出形式："A 比 B＋adj.：她比我高。"从而引导学生自己说出句子。

③ 对比法：包括汉外对比和汉语内部的对比，如：

I met her near the bookshop yesterday afternoon.

我昨天下午在书店附近遇见了她。

④ 情景导入法：教师通过一个具体情境的设置，通过问答、展示图画、讲故事等方式引导出所要讲的语法点。如"了"的教学：

教师走进教室问学生："××昨天来了没有？"

学生："他昨天没来。"

教师："哦，他昨天没来。××，你昨天去哪儿了？"

看似闲聊，其实是有意为之，是在为语法点教学做铺垫。

⑤ 归纳法：先展示一定数量的例证，进行大量的练习，然后引导学生从中概括出语法规则。归纳法是语法教学的主要方式，因为这种方法是先大量输入句子，再引导学生自己概括特点，找出规律，学生对于规律的理解会比较深刻。

90.【答案】B

【解析】此题考查教师在跨文化交际时可能出现的精神状态。根据材料中王老师心境低落，与其处境不相称，情绪消沉，闷闷不乐的情况可以得出结论：王老师的这种状态是抑郁。

91.【答案】C

【解析】此题考查影响情绪的几种因素。情绪产生的因素包括刺激因素、认知因素、生理因素。其中认知因素中对当前情境的评估和过去经验的回忆，在情绪形成中起着重要作用。

92. 【答案】B

【解析】此题考查应对不良心态时的恰当举措。

A. 注意转移法：当人情绪激动时，为了使它不至于爆发难以控制，可以有意识地转移注意力，把注意力从引起不良情绪反应的刺激情境转移到其他的事物或活动上去。（改变注意力焦点法，改变环境法）

B. 合理发泄法：产生不良情绪时，通过简单的"宣泄"痛痛快快地表达出来，或者将不良的情绪通过其他方式和途径宣泄出来。（在适当的场合哭一场，向他人宣泄，进行剧烈的运动，放声歌唱或大声叫喊）

C. 换位法：是心理医生常使用的方法，即通过"设身处地"的角色换位来了解、分析公众内心心理活动的方法，即在研究时把自己放在一定的背景、环境中去体验自己的心情，尔后据此加以分析，由此来推断被研究对象的处境和心情。

D. 理智控制法：在陷入不良情绪时，主动调动理智这道"闸门"的力量，控制不良的情绪，尽量使自己愉悦起来。（自我暗示法，自我激励法）

93. 【答案】B

【解析】此题考查儒学著作中的经典篇目。此为《孟子·滕文公》中的语句。

94. 【答案】A

【解析】此题考查古代各种学校的名称。"庠、序"是教育平民子弟的乡学；"学"是培养贵族子弟的国学；"瞽"是学习祭礼或者音乐的学校。古代的教学内容主要包括六艺，即礼（规章仪式）、乐（音乐舞蹈）、射（射箭）、御（骑马驾车）、书（历史）、数（数学）。

95. 【答案】C

【解析】此题考查中国古代四大书院的名称。中国古代四大书院为：应天书院（今河南商丘睢阳区南湖畔）、岳麓书院（今湖南长沙岳麓山）、嵩阳书院（今河南郑州登封嵩山）、白鹿洞书院（今江西九江庐山）。

96. 【答案】C

【解析】此题考查《老子》的相关知识。郭店楚简包括十六篇先秦时期的文献，其中道家典籍三篇，分别为《老子》（甲、乙、丙）、《太一生水》、《语丛四》（《说之道》）；儒道共同典籍《五行》；儒家典籍为十二篇，分别为《缁衣》《鲁穆公问子思》《穷达以时》《唐虞之道》《忠信之道》《成之闻之》《尊德义》《性自命出》《六德》《语丛一》《语丛二》《语丛三》。这批典籍除《老子》《缁衣》见诸传世本，《五行》见于长沙马王堆出土的帛书外，其余皆为两千多年前的先秦佚籍。

97.【答案】B

【解析】此题考查《老子》这一著作的成书年代。这些竹简用的是楚国文字，同时《老子》这部著作产生于战国时期。

98.【答案】A

【解析】此题考查地理知识。郭店楚墓遗址位于湖北省荆门市郭店村。

99.【答案】B

【解析】此题考查道家的主要思想。道家是一个思想流派，以老子、庄子为代表。道家崇尚自然，有辩证法的因素和无神论的倾向，主张清静无为，反对斗争；提倡道法自然，无所不容，自然无为，与自然和谐相处。兼爱非攻是墨家的思想。

100.【答案】C

【解析】此题考查道家的发展过程。"三清"，道教尊奉的三位最高神的统称，即玉清元始天尊、上清灵宝天尊、太清道德天尊。早期道教奉老子为教主。晋代葛洪撰写的《抱朴子》中，已有老子师"元君"的说法。南朝梁陶弘景编撰《真灵位列图》，排列神仙等次，将"元始天尊"尊为最高神，放在老子之上。唐代时配上太上道君，与元始天尊、太上老君并列，称为"三清"。后来太上道君又改名灵宝天尊，太上老君又称道德天尊。道教中又有另外一种说法：太清境为大赤天，神宝君所居；上清境为禹余天，灵宝君所居；玉清境清傲天，天宝君所居；三清境之上是大罗天，元始天尊所居。

说明：第三部分"综合素质"为情境判断题，考查考生的个人态度倾向，没有统一的标准答案。

《国际汉语教师证书》考试模拟试卷三

答案与解析

第一部分

1. 【答案】B

【解析】此题考查合体字部件的组合方式。从字源的角度看，喜，从壴（鼓）从口，会意字。从结构上看，可以理解为上下结构。

2. 【答案】B

【解析】此题考查近义词辨析。感情色彩一般指褒义和贬义的区别。语体色彩一般指书面语和口语的区别。"喜欢"和"喜爱"词类相同，都是动词，表达的概念义也基本相同，但在表现的程度方面有轻重的不同。

3. 【答案】C

【解析】此题考查汉语词汇的基本系统。"花费"与"开花"中"花"是同音同形但意义完全不同的两个词。

4. 【答案】A

【解析】此题考查汉字的造字法。"福"是形声字。从示，畐声，声符亦兼表字义。"畐"本象形，是"腹"字的初文，上象人首，"田"象腹部之形。腹中的"十"符，表示充满之义，则"畐"有腹满义。"示"表祈福的意思。"福""富"互训，以明家富则有福。本义为福气，福运。

5. 【答案】D

【解析】此题考查普通话辅音的教学方法。发声母 f 时，需要夸张口型让学生们有意识地用上齿咬住下唇，然后唇和齿轻轻地分离，气流通过，摩擦成音，就是 f 音了。

6. 【答案】A

【解析】此题考查普通话辅音的发音部位和发音方法。ch 为舌尖后、送气、清、塞擦音，zh 为舌尖后、不送气、清、塞擦音，z 为舌尖前、不送气、清、塞擦音，c 为舌尖前、送气、清、塞擦音。

7. 【答案】B

【解析】此题考查汉字演变的相关知识。卫恒《四体书势》说："隶书者，篆之捷也。"说明了隶书是篆书的快写。汉字由篆书演变为隶书的过程，字型变圆形为方形，线条变弧线为直线，笔画变繁杂为简省，彻底笔画化。隶变是古今汉字的分水岭，结束了古文字的阶段。隶变之后的文字，比古文字更容易辨识，接近现在所使用的文字。

8. 【答案】F

【解析】第8—12题考查汉语短语的类型。述补短语前后是补充和被补充的关系。"敲了三下"由量词结构"三下"说明动作次数，"三下"是"敲"的补充成分。

9. 【答案】E

【解析】连谓短语是由两个谓词性成分组合在一起所形成的，彼此并不构成主谓、动宾、偏正、联合等关系的短语。连谓短语里的两个谓词性词语之间也没有语音停顿，如"举手表决"由"举手"和"表决"两个谓词性成分构成，两者之间无停顿。

10. 【答案】D

【解析】偏正短语是由修饰语和中心语组成，结构成分之间有修饰与被修饰关系的短语。动词、名词、形容词与它们前面起修饰作用的成分组成偏正短语。偏正短语包括定中短语和状中短语。题中"绍兴"是修饰成分，修饰"黄酒"。

11. 【答案】A

【解析】主谓短语由两个成分组成。前一个成分的功能是提出主题，称为主语；后一个成分对主题加以陈述，称为谓语。主语和谓语构成了主谓关系。"行为端正"中，"行为"是主语，"端正"是谓语，两者构成主谓关系。

12. 【答案】C

【解析】方位结构是指方位词跟在其他词语后面组合而成的结构，通常表示处所、时间或范围意义，在"理论上"中"上"表示方面的意义。

13. 【答案】F

【解析】第13—18题考查汉语词语的构词法。复合词是指由词根和词根组合而成的词，题目中的四个词语都没有词缀，均由两个不相同的语素构成，是复合词。

14. 【答案】B

【解析】联绵词是指从古代汉语中流传下来，单个音节没有意义的双音节词，只有一个语素。大多数联绵词的两个音节之间有双声、叠韵或叠音的关系。题目中四个词语都是联绵词。

15. 【答案】E

【解析】派生词是由词根和词缀组合而成的词，主要有"前缀＋词根"和"词根＋后缀"两种类型。题目中的"阿""老""子""化"均为词缀。

16. 【答案】C

【解析】古语词包括一般所说的文言词和历史词，它们来源于古代汉语。题目中"而已""如此"是文言词，"武士""旌旗"是历史词。

17. 【答案】A

【解析】音译词只有一个语素，是单纯词的一种，是用音译的方式直接从外语引进的外来词。题目中"海洛因""拷贝""基因""乌托邦"分别对应"heroin""copy""gene""Utopia"。

18. 【答案】D

【解析】重叠词是词根重叠而成的词，是合成词的一种，包含两个语素。题目中四个词语均是 AA 式的重叠词。

19. 【答案】A

【解析】此题考查成语"黔驴技穷"的来源。根据老虎的动作"远远地逃走""非常害怕""观察了它好几回""徘徊着靠近""故意撞它""很高兴……大吼了一声""咬断了喉咙"梳理故事脉络，运用排除法可以推断隐去的部分是"驴"，成语是"黔驴技穷"。

20. 【答案】B

【解析】此题考查近义词辨析。"逐渐"强调自然状态的变化，"逐步"强调人为控制的变化。"逐渐"可修饰形容词，"逐步"不能。如："天气逐渐（逐步×）冷了下来。"

21. 【答案】C

【解析】此题考查汉字的笔画顺序。"盘"共 11 画，分别是：撇、撇、横折钩、点、横、点、竖、横折、竖、竖、横。第五画是横。

22. 【答案】D

【解析】此题考查汉语词类的相关知识。"始终"表示从头到尾持续不变，是时间副词，在句子中作状语。

23. 【答案】B

【解析】此题考查"才"的不同义项。"吃光了它的肉才离开"中"才"表示事情发生或结束得晚，与"你怎么才来"中"才"表示相同语义。"我才不去呢"中"才"用于强调确定语气。"一共才十个"中"才"表示数量少，程度低，相当于"只"。"我才从上海回来"中"才"表示"刚刚"，指事情在前不久发生。

24. 【答案】C

【解析】此题考查汉语拼音的拼写规则。汉语拼音书写格式要求，一句话的句首汉语拼音字母需大写，排除 A 选项。多音节词拼音之间不空格，连写，如 shénme。词与词之间一般需有空格，如 xiǎng chī。"你们"中"们"为轻声，因此排除选项 B、D。故选 C。

25. 【答案】C

【解析】此题考查语气词"啊"的音变。语气词"啊"用在句末一般会受到前面一个音节末尾的音素影响，需要变读。"肉啊""走啊"中前一音节末尾音素是 u，"啊"读作 wa。"新鲜啊"中前一音节末尾音素是 n，"啊"读作 na。

"学生啊"中前一音节末尾音素是 ng，"啊"读作 nga。"去啊"中前一音节末尾音素是 ü，"啊"读作 ya。

26.【答案】C

【解析】此题考查复句"……是……，就是……"表示的语义关系。"……是……，就是……"用在转折句中，意义和用法同"……是……，可是（但是）……"。

27.【答案】A

【解析】此题考查复句的关系类型。复句主要包括并列复句、承接复句、递进复句、选择复句、转折复句、假设复句、因果复句、条件复句等八种。句（4）属于递进复句，关联词是"更别说"，前行分句提出一个情况，后续分句以此为基准，在程度上更推进一层。

28.【答案】B

【解析】此题考查现代汉语的语序。SVO 即主谓宾结构，S 为 Subject，即主语，V 为 Verb，即谓语，O 为 Object，即宾语。从句子整体的角度说，汉语语法顺序是主语在前，谓语在中，宾语在后。

29.【答案】C

【解析】此题考查异形同音字的区分以及形近字的区分。正确写法为"盘根错节"和"初生牛犊不怕虎"。

30.【答案】B

【解析】此题考查对韵母四呼的理解。按开头元音的发音唇形可将普通话的韵母分成开口呼、齐齿呼、合口呼和撮口呼。开口呼是主要元音为 a，o，e 而没有韵头的韵母；齐齿呼是主要元音为 i 和韵头为 i 的韵母；合口呼是主要元音为 u 和韵头为 u 的韵母；撮口呼是主要元音为 ü 和韵头为 ü 的韵母。"皆"汉语拼音是 jiē，是齐齿呼。

31.【答案】D

【解析】此题考查对韵母结构的理解。"酒"汉语拼音写作 jiǔ，韵母实际为 iou，包括韵头、韵腹和韵尾三个部分。

32.【答案】A

【解析】此题考查汉语词类的相关知识。"唯利是图"和"唯你是问"都是古代汉语宾语前置现象的遗留。为了强调宾语，代词"是"复指"它"，同时宾语和它的复指成分都放在动词的前面。

33.【答案】D

【解析】此题考查对成语内部结构的分析。兼语短语是由前一个动词的宾语兼做后一个动词或形容词的主语，即动宾短语的宾语和主谓短语的主语套叠，形成一个宾语兼主语的兼语。如"请君入瓮"的"君"是"（主语）请君"这一动宾短语的宾语，同时又是"君入瓮"这一主谓短语的主语。连谓短语是由两个谓词性成分组合在一起所形成的，彼此并不构成主谓、动宾、偏正、联合等关系的短语。连谓短语里的两个谓词性词语之间也没有语音停顿，如"解甲归田"由"解甲"和"归田"两个谓词性成分构成，注意，两者之间无停顿。

34.【答案】D

【解析】此题考查句式的判定。主谓谓语句是由主谓短语充当谓语的句子。全句的主语"复习课"相当于"话题"，"他们从来不去"是主谓结构，在句中整体作谓语，相当于"述题"。

35.【答案】B

【解析】此题考查第二语言学习者偏误的来源。"一个满足的成绩"属于搭配不当的偏误，应是"一个满意的成绩"，属于目的语使用规则过度泛化。

36.【答案】B

【解析】此题考查对偏误类型的分析。此处属于搭配不当的偏误，"接受"与"为"和"工具"搭配不当，应是"把教育或学习视为工具"。

37.【答案】D

【解析】此题考查"把"字句中宾语与动作的关系。与事在"把"字句中与谓语所表示的动作或行为没有明显施受关系。D项中"衣服"既非施事也非受事，是与事。

38.【答案】C

【解析】此题考查修辞手法的运用。比拟指运用联想，直接将本体当作拟体进行描写或者陈述，从而体现表达者的喜爱或憎恨的情感态度。"浮云""仗着……势力"等组合是将事物当作人来描写。

39.【答案】A

【解析】此题考查汉字读音。"剜"的正确发音是 wān。

40.【答案】B

【解析】此题考查汉语补语类型的判定。"可怕"是状态形容词，说明相关事物的状态，补充说明"白"的程度，是情态补语。程度补语一般由副词充当，需要区别开来。

41.【答案】C

【解析】此题考查汉语词语的构词法。"厌恶"和"教授"均由两个意义相近的语素并列组合而成。"论文""狂欢"和"高级"前一个词根修饰后一个词根，整个词义以后一个词根为主，前一个为副，属于偏正式。

42.【答案】D

【解析】此题考查"饿猫迷笼"实验的相关知识。桑代克把猫在迷笼中不断地尝试、不断地排除错误，最终学会开门出来取食的过程称为尝试错误学习，并提出了学习的"尝试—错误"理论。

43.【答案】A

【解析】此题考查儿童第一语言习得的主要理论。行为主义者认为语言不是先天所有而是后天习得的，强调外部条件在第一语言习得过程中的作用。这种行为跟人类的其他行为一样，是通过刺激—反应—强化模式养成习惯而学会的。因此，刺激—反应论是以行为主义心理学为基础提出的。

44. 【答案】A

【解析】此题考查第二语言习得理论的相关知识。美国语言学家克拉申认为，人类获得语言的唯一方式是对信息的理解，通过吸收可理解的输入习得语言知识，注意力集中在语言本身而非语言形式。当理解了输入的信息，并让输入多少包括一点超过他们能力的语言时，语言结构也就习得了。输入的语言信息既不要过难也不要过易，克拉申用"i＋1"表示。

45. 【答案】D

【解析】此题考查第二语言习得理论的相关知识。美国语言学家克拉申1985年在其《输入假说：理论与启示》中正式提出输入假说理论，包括习得与学习假说、自然顺序假说、监控假说、输入假说和情感过滤假说。

46. 【答案】A

【解析】此题考查第二语言教学法。认知法的语言学理论基础是乔姆斯基的转换生成语法理论。情景法、直接法和听说法的语言学理论基础是结构主义语言学。

47. 【答案】A

【解析】此题考查学习结果分类的提出者。美国著名学习与教学心理学家加涅归纳了学习应达到的五种结果，也就是教育所要实现的目标，即智慧技能、认知策略、言语信息、动作技能、态度。

48. 【答案】C

【解析】此题考查学习结果分类的内容。"认知策略"指运用有关规则支配并提高学习、记忆能力。符号记忆属于言语信息。运用概念和规则办事的能力属于智慧技能。习得的对人、对事、对物、对己的反应倾向属于态度领域。

49. 【答案】A

【解析】此题考查言语联想学习的具体内容。言语联想学习指一系列连续性的言语的刺激反应，"将单音节联成复合音节，将单词组成句子"属于言语联想学习。

50. 【答案】B

【解析】此题考查跨文化交际中文化冲突的相关内容。在跨文化交际的挫折阶段，新鲜的感觉过去，开始觉得衣食住行处处不习惯，人地生疏，语言隔阂，产生迷惑、沮丧、孤独、失落和烦恼、焦虑、悲伤、思乡的情绪。于是，有的采取消极回避的态度，不接触当地人和当地文化；有的对当地文化产生敌意，甚至发泄不满、采取不理智的行动；有的承受不了心理压力而离开这一文化环境，回到自己的国家。这些现象叫"文化震荡"，也叫"文化休克"。

第二部分

51.【答案】D

【解析】第51—56题考查不同语法点对应的教学方法。通过正误句的对比辨析让学生了解哪些情况不能用"了"。将目的语和中介语进行对比，将汉语中正确的句子与学生的典型错句进行对比，从中解释汉语语法规则，同时也让学生注意避免同类偏误。

52.【答案】A

【解析】汉语内部相近语法点的句子之间的对比，通过对比显示相近语法点的意义和用法的不同。

53.【答案】E

【解析】复杂句式由简单句式紧缩而成，教学中将经过压缩的句型回复原状，可使学生容易学习和使用。"居然"出现的条件：以 a 句为例，头一个分句表示初始的客观事实，第二个表示由头一句可能引起的结果，含"居然"句则表示跟第二分句相反的事实。难度：a＜b＜c＜d，使用频率：a＜b＜c＜d，教学顺序：a→b→c→d。

54.【答案】C

【解析】汉外对比，将汉语和第二语言学习者母语之间的不同点进行对比，体现汉语和第二语言学习者母语的区别，帮助学生克服负迁移。

55.【答案】G

【解析】汉外对比，将汉语和习得者母语之间的相同点进行对比，体现汉语和习得者母语的共性，利用正迁移，从已知导向未知。

56.【答案】F

【解析】复杂句式由简单句式扩展而成，教学中将经过扩展的句型回复原状，可使学生容易学习和使用。

57.【答案】A

【解析】此题考查汉语词汇的教学方法。"实在"是一个副词，需要搭配动词或形容词来讲解其义，故放在语境中讲解"实在疼得忍受不了了"的用法较为合适。

58.【答案】A

【解析】此题考查教师对重点词汇的把握。"癌症"是 HSK 六级词汇。"厉害""回忆""按照"均为 HSK 四级词汇。

59.【答案】D

【解析】此题考查教师对词汇教学原则的理解。词汇是语言的三要素之一。外国学生能否正确地识词、辨词、选词、用词是其汉语水平的体现，而这一能力也是其进行正确表达，自然交际的基础。汉语作为第二语言词汇教学的任务是根据教学大纲的要求，在有关词汇知识的指导下，掌握一定数量的汉语词汇的音、义、形和基本用法，培养学生在语言交际中对词汇的正确理解和表达能力。

60. 【答案】A

【解析】此题考查语素教学法。语素是最小的语法单位，最小的音义结合体，是比词更加根本的东西，具有自由性、非依附性。A选项"图书馆""体育馆""博物馆"共有的"馆"就是一个语素，这种延伸教学法称为"语素教学法"。B选项是在"内脏"词群背景下教学。C选项是反义词教学。D选项是利用语素辨析近义词。

61. 【答案】A

【解析】第61—63题考查纪传体的相关内容。从体裁的形式上看，纪传体是本纪、世家、列传、书志、史表和史论的综合。世家，主要是记载诸侯和贵族的历史。

62. 【答案】C

【解析】书志，是关于典章制度和有关自然、社会各方面的历史。

63. 【答案】B

【解析】列传，是各方面代表人物的传记。

64. 【答案】D

【解析】此题考查跨文化交际中对不同计量单位的了解。1英尺＝30.48厘米。

65. 【答案】D

【解析】此题考查跨文化交际中的非语言交际。英语国家对于拥挤的人群往往有所顾忌。由于文化差异，在拥挤的公共汽车上，有的中国人会凑过去看别人的报纸，这对于英语国家的人来说是不可思议的。

66. 【答案】A

【解析】此题考查中国古代五音的相关内容。五音又称五声。最古的音阶仅用五音，即宫、商、角、徵、羽。"五声"一词最早出现于《周礼·春官》："皆文之以五声，宫商角徵羽。"而"五音"最早见于《孟子·离娄上》："不以六律，不能正五音。"古人通常以"宫"作为音阶的第一级音，也是最重要的一个音级，有时借代"五音"。宫音作为五音之一，相当于首调唱名法中的 do 音。宫音为五音之主、五音之君，统帅众音。《国语·周语下》曰："夫宫，音之主也，第以及羽。"《礼记·乐记》曰："宫为君、商为臣、角为民……"

67. 【答案】B

【解析】此题考查成语的内涵。"郑卫之音"出自《礼记·乐记》："魏文侯问于子夏曰：'吾端冕而听古乐，则惟恐卧；听郑卫之音，则不知倦。敢问古乐之如彼，何也？新乐之如此，何也？'""郑卫"指春秋时的郑国和卫国。成语意为春秋战国时郑、卫等国的民间音乐。因儒家认为其音淫靡，不同于雅乐，故斥之为淫声。

A. "驷马仰秣"语出《荀子·劝学》："昔者瓠巴鼓瑟而流鱼出听，伯牙鼓琴而六马仰秣。"指驾车的马驻足仰首，谛听琴声，形容音乐美妙动听。

B. "桑间濮上"出自《礼记·乐记》："桑间濮上之音，亡国之音也。""桑间濮上"意思是桑间在濮水之上，是古代卫国的地方，后来用"桑间濮上"指淫靡风气盛行的地方。因此选择B项。

C. "黄钟大吕"中"黄钟"是我国古代音韵十二律中六种阳律的第一律。"大吕"是六种阴律的第四律。形容音乐或言辞庄严、正大、高妙、和谐。

D. "变徵之声"中"徵"是古代五声之一。乐声中徵调变化，常作悲壮之声。出自《战国策·燕策三》："高渐离击筑，荆轲和而歌，为变徵之声，士皆垂泪涕泣。"

68. 【答案】C

【解析】此题考查名篇的作者。姜夔，字尧章，号白石道人，南宋文学家、音乐家。他多才多艺，精通音律，能自度曲，其词格律严密，作品素以空灵含蓄著称。

69. 【答案】B

【解析】此题考查教师对教学板块的理解。

A. 语境分析是研究语境对语言形式的影响。

B. 话语功能分析研究学习者如何运用已掌握的目的语句法初步知识，在口语表达中完成话语功能。

C. 课堂话语分析研究第二语言课堂中教师与学生以及学生之间的交互活动。

D. 言语行为分析研究某一言语行为是如何在语言中实现的。

70. 【答案】C

【解析】此题考查"个个"与"每个"的辨析。这两种用法都表示事物的每一个都具有某种相同点，没有例外。名量词重叠有强调的语气。"每＋量词"一般表示一种习惯性的行为，如："我每次打完球都去洗澡。"

71. 【答案】D

【解析】此题考查教学任务的设计。教学标准与大纲是确定课程结构的纲领性文件，它是编写教材、教学评估和考试命题的依据。大纲将教学任务规定为教学内容与要求，为教学任务的设计提供一个根本性的参照标准。教材是教师教学和学生学习所依据的材料，体现了语言教学最根本的两个方面：教什么和如何教。学生的学习现状是设计教学任务的必要依据，要考虑不同学生的需求，把握学生现有的语言水平，从而设计适合大多数学生的教学任务。在实际教学中，教学环境相对固定，教师在设计教学任务时不会着重考虑。

72.【答案】A

【解析】此题考查教师对学生水平的判断能力。题目中出现的词语均为初级词汇，"选用词语写成一段话"类题型一般出现在初级写作课上。根据要求的写作字数及所给词语描述的内容可以推断此题适用于初级阶段汉语课堂。

73.【答案】A

【解析】此题考查写作教学环节的顺序安排。写作训练第一课时一般包括启发导入、知识学习、范文分析、总结规则、布置任务、学生写作实践六个教学环节。

74.【答案】C

【解析】此题考查教师对写作任务的安排与设计。布置的任务要与写作训练的重点相匹配。如果训练的重点是句子间的承接关系，那么布置的任务最好是叙事类短文，因为在叙事类的短文中，时间或空间的转换，动作前后的连接，事情的发生、发展、变化等，都自然蕴含着一种承接关系。

75.【答案】A

【解析】此题考查教师对写作任务的安排与设计。布置任务时要提出对写作时间和写作字数的要求，如初级阶段要求一个小时写三四百字，中级阶段要求两个小时写六百至八百字。

76.【答案】B

【解析】此题考查新课教学的主要环节。初级阶段综合课新课教学环节包括新课导入、生词讲练、语言点讲练、课文讲练四个部分。在综合课教学中，在新课教学环节之前一般会设计10分钟左右的复习环节，检查学生对学过内容的掌握情况，弥补前一次教学中的不足，巩固旧知识，为新课学习做铺垫。新课教学环节的新课导入部分一般采用提问的方式引出与课文内容相关的话题、知识背景等。生词讲练帮助学生扩大词汇量，为新课学习打好基础。语言点讲练以汉语的基本句型为主，与课文讲练可根据实际情况调整先后顺序。新课教学环节结束后，进入小结和布置作业环节。布置作业与课堂小练习性质不同，教师一般会在当课教学内容完成后对所有内容总体梳理，深化重点，然后布置复习巩固类作业。

77.【答案】D

【解析】此题考查初级阶段生词讲练的步骤安排。语素组词练习属于中级阶段生词讲练内容。

78.【答案】A

【解析】此题考查疑问代词的特殊用法。"什么也没带就去学校了"句中，疑问代词"什么"表示"任何东西"的意思，即"任何东西都没有带"，这是疑问代词的任指用法。

79.【答案】A

【解析】此题考查教师确定重点词汇的能力。四项中只有"昨天"是日常生活中极常用的词语，不需要作为生词加以解释。

80.【答案】B

【解析】此题考查复句蕴含的语义关系。前面分句提出某种事实或情况，后面分句转而述说与前面分句相反或相对的意思，重心在转折的后面。（2）句的重心在"桌上的书和词典只湿了一点儿"，"还好"表示转折。

81.【答案】A

【解析】此题考查教师对课堂导入部分的安排和设计。在案例一中，老师主要是想让学生练习"我叫……"，可是由于多次重复同样的话语，显得非常单调，很容易让学生觉得无聊，因此教师没有必要每次都完整地提问，而是可以用"你呢"或者手势来代替（注意：不是用手指指着学生），这样就压缩了教师不必要的说话时间，给学生以更多的机会说话。

82.【答案】D

【解析】此题考查教师对语法点讲解的安排和设计。考虑到"时间"作为生词出现，一般都是在初级教学阶段的前期，此时教师就补充语义和用法与"时间"差别比较大的"一时间"，显然偏难。

83.【答案】B

【解析】此题考查"一时"和"一下子"的辨析。"一时"和"一下子"的意思完全不一样。"一时"表示短时间内的一种情况，例如"一时想不明白"是说"在短时间内想不明白"，过一段时间可能就想明白了。"一下子"用在动词前，表示动作或状态的变化非常快。"一下子全明白了"说明从"不明白"到"全明白"的变化非常快。"一下子"也可以放在动词后，表示时间短。

84.【答案】C

【解析】第84—88题考查"可能补语"基本句型的教学步骤。可能补语表示可能或不可能，包括动作的结果或趋向是否可能实现，也包括动作本身是否可能实现。可能补语的基本形式是在动词和结果补语或趋向补语之间加上"得"或"不"构成的，如"听得懂""回不来"。由于可能补语在形式和意义上与结果补语、趋向补语有牵连，与程度补语在形式上相同但意义上完全不同，另外还容易跟能愿动词"能"的用法相混，可能补语的教学应该安排在学完程度补语和结果补语之后，当然也应该在学了能愿动词"能"的用法之后，这样有利于老师利用旧知识来引进和解释可能补语，同时可以对可能补语与那些形式上或意义上容易混淆的词或句子成分进行必要辨析。另外由于可能补语否定式的使用频率比肯定式高得多，也就是说它的交际性更强，所以在教学中从一开始就应该引入否定式，并且为学生使用否定式创造条件。因此，首先应用结果补语、趋向补语引入可能补语。

85.【答案】B

【解析】可能补语的展示可以通过情景对话的方式进行。先呈现正反疑问形式。

86. 【答案】A

【解析】老师归纳并同时说明这种格式表示人或事物没有力量通过动作使自己或某个东西移动位置。

87. 【答案】E

【解析】说明这种格式表示人或事物有力量通过动作使自己或某个东西移动位置。同时告诉学生在实际语言中经常使用可能补语的否定式。除回答疑问外，肯定式用得很少，一般表示不太肯定的推测。

88. 【答案】D

【解析】老师说明可能补语后面如果有宾语，宾语可以放在补语后，也可以放在句首做主语，不能放在动词和补语中间。

89. 【答案】C

【解析】此题考查语言测试的种类。

A. 学能测试目的在于了解受试者学习第二语言的潜在能力和素质。学习语言的潜能包括：语音的编码解码能力、语法敏感性、语言的记忆能力、综合归纳能力。

B. 成绩测试检查学习者在某一教学阶段是否掌握了教学大纲和教材所规定的教学内容，在学习上取得什么成果，属于回顾性测试，目的在于了解学习者目前所达到的程度，受试者获得的成绩是绝对的。

C. 水平测试又称能力测试，目的是测量受试者现有的整体的语言实际运用能力，以评定是否达到胜任某项任务的要求，属于回顾兼预示测试，具有较高的区分性，受试者的分数反映了他在全体受试者中的位置。

D. 诊断测试是为了了解受试者在学习某一具体内容或在较短的一段学习时间里所存在的问题而进行的测试，目的是迅速直接地获得反馈信息，及时改进教学，属于非正式的测试，命题、评分都比较灵活，一般也不用作衡量学生水平的主要依据。

90. 【答案】B

【解析】此题考查语言测试中效度的不同分类。

A. 表面效度指某个测验或考试从表面看来是否测了它旨在测量的东西，有没有缺漏的部分，有没有偏题怪题。

B. 结构效度又称理论效度，指考试结果在多大程度上符合我们根据某种理论做出的预测，同时可以用这种理论来解释测试成绩。

C. 内容效度反映测试内容是不是应该考查的，是否反映了这项测试的要求，或者说试题所包含内容的代表性、准确度和覆盖面如何。

D. 效标关联效度指确定一种能反映测试效度的参照标准后，考察某一考试与该标准之间的相关程度。

91. 【答案】C

【解析】此题考查语言测试中区分度的相关内容。按考生分数排列，将27%最高分作为高分组。

92. 【答案】D

【解析】此题考查标准化语言测试的一般流程。标准化语言测试的一般流程是设计命题、考试实施、阅卷评分、统计分析。设计命题包括考试设计、拟定编题计划、制定细目表、命题、预测、项目分析、编制正式试卷和存题入库。考试实施中可通过宣布考场规则、发布主考指令严格控制考场秩序。阅卷评分后将阅卷评出的原始分数转换为导出分数，对不同考卷进行等值处理，然后对考试结果进行分析。标准化考试一般不包括反馈调查环节。

93. 【答案】B

【解析】此题考查第二语言教学法。"交际法"又称"功能法"，是以语言功能和意念为纲，培养在特定的社会语境中运用语言进行交际能力的一种教学法。交际法强调以学生为中心，培养语言交际能力，更强调语言的流利性、可接受性和得体性，而正确性是由语境来决定的，追求可理解的发音。根据"上台介绍产品"和"台下学生点评互动"环节可以看出其设置更注重语言功能方面的教学。

94. 【答案】D

【解析】此题考查教师组织课堂活动的能力。在课堂活动中，教师只需要对整体活动进程加以控制即可。语言要素、情感态度和话语技巧是需要学生自行控制的内容。

95. 【答案】A

【解析】此题考查会话合作原则。话语的表达方式应该让受话者易于理解。发话者既然诚心诚意要告诉受话者一些事情，就应该让话语的表达方式清楚明白，简明易懂。回答含混啰唆违反了方式准则。

96. 【答案】A

【解析】此题考查学习动机的分类。根据不同标准，可以将动机分成不同的类型：

① 按照影响范围和持续作用的时间分，动机可以分为近景性动机和远景性动机。近景动机是与具体活动本身联系，影响范围小，持续时间短的动机，如考试之前的复习。远景动机指与活动的社会意义相联系，影响范围大，持续时间长的动机，如一个学生为了自己将来可以做一个好的摄影师而做出的努力。

② 按照起因不同分，可以把动机分为外部动机和内部动机。学生学习的原因不同，有的是因为兴趣，有的是因为要获得表扬和奖励。获得表扬和奖励是外在条件，这种由外因诱发出来的动机是外部动机。由兴趣、理想、荣誉感等内在条件引发出来的动机是内部动机。

97. 【答案】B

【解析】此题考查奥苏伯尔同化论中新知识与原有知识的关系。在原有观念（"香蕉""橘子""苹果"）的基础上学习一个概括和抽象水平更高的命题或概念（"水果"）属于上位学习。

98. 【答案】D

【解析】此题考查教师对课堂气氛的调控能力。小学课堂第一节课的重点在于拉近师生间的距离，强调汉语课堂的趣味性。零起点学生无法围绕话题进行演讲。

99. 【答案】C

【解析】此题考查教师对问题学生的处理能力。教师应结合学生各自的特点因材施教。对于态度不认真，纪律懒散的小学生，过度斥责、公开批评或以家长相威胁等消极的处理方法会使学生感到难堪，不利于学生健康成长。以表扬代替批评，从孩子非常在乎的方面考虑，往往是温和而有效的。

100. 【答案】C

【解析】此题考查教师专业发展的途径和方法。教师根据教学情况推理产生此结果的原因，并以此改进教学方法的行为属于教学归因。

说明：第三部分"综合素质"为情境判断题，考查考生的个人态度倾向，没有统一的标准答案。

《国际汉语教师证书》考试模拟试卷四

答案与解析

第一部分

1. 【答案】B

   【解析】此题考查的是词语的词类。"最近"能用在动词"在""到""等到"的后面作宾语，能用"什么时候"提问，并且还可以用"这个时候""那个时候"提问，因此是时间名词。

2. 【答案】B

   【解析】此题考查的是音节和句子的拼写规则。A 选项中"近"应为前鼻音，拼写错误；C 选项中"学"和"书法"为两个词，应分开拼写；D 选项中"近"拼写错误，句尾未加标点"."。

3. 【答案】D

   【解析】此题是对句法成分的考查。"怎么说呢"不与句内其他成分发生结构关系，没有配对成分，只表达说话者的语气，想要引起对方注意，因此属于独立语中的插入语。

4. 【答案】A

   【解析】此题考查的是对"语素教学法"定义的拓展应用。"语素教学法"是将合成词中的语素加以离析，利用该语素进行扩展，从而达到巩固所学生词并扩大词汇量的目的的教学法。A 选项对"书法"中的"法"这个语素进行了扩展，采用的是语素教学法；B 选项是对"难"的否定形式的引申；C 选项是对"毅力"的同义词的引申；D 选项是对"坚持"的反义词的引申。

5. 【答案】C

   【解析】此题考查的是"就"的几个基本意义和用法。画线句中"就"为副词，用在动词前面，表示在某种条件或者情况下自然怎么样。A 选项中"就"是表示顺承的连词；B 选项中"就"为语气副词，表示"偏偏"的意思；D 选项中"就"为副词，表示事实正是如此。

6—12. 【答案】B、C、D、E、A、G、F

   【解析】6—12 题考查词语的构词方式。本题的难点在于有可能会混淆联绵词、重叠式和叠音词。联绵词和叠音词都属于单纯词，而重叠式属于合成词。联

209

绵词指两个不同的音节连缀成一个语素，表示一个意义的词；叠音词是由不成语素的音节重叠构成，重叠后仍只是一个双音节语素，是单语素词，不是词的形态变化；重叠式则是由相同的词根重叠构成的。第8题中"姐""仅""刚""哥"都是词根，所以应该属于重叠式；第10题中的词都是两个不同的音节连缀而成的一个语素，所以是联绵词；第12题中"猩""姥""潺""馪"都不成语素，只是音节，所以属于叠音词。

13—16.【答案】E、B、C、A

【解析】13—16题考查的是复句关系。第13题句中连接词"接着"表一种顺连关系，属于连贯复句；第14题表达了一种转折的关系，为转折复句；第15题中关联词"如果……那么……"表假设关系，为假设复句；第16题中前后两个分句包含因果关系，因为不满意，所以直接叫"小陈"，为因果复句。

17.【答案】A

【解析】此题考查的是关于"偏误分析"理论的基础知识。偏误分析的心理学基础为认知理论，语言学基础则是乔姆斯基的普遍语法理论。"结构主义语言学"和"行为主义心理学""迁移理论"分别是"对比分析"的语言学和心理学的理论基础。

18.【答案】C

【解析】此题考查的是关于"失误"和"偏误"的定义与区别。"失误"是指偶然产生的口误或笔误，这种错误没有什么规律，说话者一旦意识到马上可以自己改正，所以失误不仅仅是操本族语的人会犯，外语学习者也会犯，这类错误不反映说话者的语言能力。所以A、B选项错。"偏误"则是因为目的语掌握得不好而产生的一种规律性错误，一般学习者自己难以察觉，也不易改正，所以D错。

19.【答案】D

【解析】此题考查偏误分析步骤。科德把偏误分析分为五个步骤：1. 搜集供分析的语料；2. 鉴别偏误；3. 对偏误进行分类；4. 解释偏误产生的原因；5. 评估偏误的严重程度是否影响到交际。

20—23.【答案】E、B、A、C

【解析】20—23题主要是对具体实例的偏误来源的分析。第20题，应该是"她穿着新衣服到学校了"，是简化，属于一种学习策略；第21题，形容词重叠后不能再用"很"修饰，是副词"很"的过度泛化，属于目的语知识的负迁移；第22题，是采用了简单句式代替复杂句式的策略，是回避，属于一种交际策略；第23题，"胖"对应的英文是"fat"，而"fat"在英语中既可用于指人，也可用于指动物或肉类，与汉语不同，所以是母语的负迁移。

24.【答案】D

【解析】此题考查的是人名的拼写规则。姓和名中间用空格分开，姓和名的开头字母大写，a、o、e 开头的零声母音节连接在其他音节后面的时候要使用隔音符号。

25. 【答案】D

【解析】此题考查的是"的"的功能。"黑色的"是指"黑色的衣服"，"的"后没有其他成分，并且可以自行补充，在句中充当主语，相当于一个体词性的成分，所以是"的"字短语。"今年的最新款"中"的"表示一种限制关系，不是去年的款式，而是今年的款式，属于"的"字作为定语标志时的作用。

26. 【答案】D

【解析】此题考查汉字的结构类型。"有"是半包围结构，"能"和"们"是左右结构，"事"是独体字，"这"是半包围结构。

27. 【答案】B

【解析】此题考查语气词"吧"的用法。结合原文，这里"吧"的作用在于对对方的建议表示同意，是一种应答语。

28. 【答案】B

【解析】此题考查"一"的变调。"一件"中"件"为第四声，"一"在第四声前时变为第二声，即阳平；当"一"在三字词中间时，一般读轻声，即"大一点"中"一"读轻声。

29. 【答案】D

【解析】此题考查基本的教学法的实际应用能力。本课中的语法点有"有点儿""一点儿"和"可以""能"用于疑问句表示征求同意，使用语法翻译法时，需将语法点都翻译成母语，如果母语为英语，那么翻译则不能体现"有点儿""一点儿"和"可以""能"的区别。

30. 【答案】D

【解析】此题考查"了"的用法。时态助词"了$_1$"主要出现在谓词后面或动宾之间，语气助词"了$_2$"主要出现在句末（包括分句和复句末尾），当谓词或谓词性短语正好位于句子末尾时，所用的"了"则为"了$_1$＋了$_2$"。句（4）中"大一号的"和"灰色的"都是宾语，且"了"都出现在句末，所以这两个"了"都是语气助词"了$_2$"。

31. 【答案】A

【解析】此题考查汉字的结构类型。合体字的结构模式有 8 种：左右结构（如：江）、上下结构（如：花）、包围结构（如：因）、左中右结构（如：街）、上中下结构（如：高）、品字结构（如：晶）、对称结构（如：坐）、半包围结构（如：这）。"爬"为半包围结构。

32. 【答案】D

【解析】此题考查的是复句类型。句（1）中有关联词语"就"，是连贯复句中经常单用的关联副词，所以为连贯复句。

33. 【答案】C

【解析】此题考查的是汉字的结构知识。"胖"的第七笔笔画是"横（一）"。选项中"妈"一共六画，也就没有第七画；"跤"的第七画是"提（╱）"；"急"的第七画是"卧钩（乀）"。

34. 【答案】B

【解析】此题考查复句类型。后面的分句中有关联词"也"，是并列复句中"平列式"经常单用的关联词语。

35. 【答案】C

【解析】此题考查的是近义词辨析技巧。"发现"和"发觉"后都可以加句子，所以两者区别并不在于后面是否可以加句子。"发现"重在视觉上的变化，"发觉"则重在心理方面的感觉。

36. 【答案】B

【解析】此题考查汉语拼音知识。原句中汉字的拼音为"jiù shēng le yí gè pàng ér zi"，零声母音节为"yí"和"ér"，共两个。

37—40. 【答案】C、D、A、B

【解析】37—40题考查造字方法。安，从"宀"从"女"，合起来的意思是有了房子，房子里有家眷，表示要在这里扎根居住了，为会意字。徒，从辵、土声（并非从彳从走），"土"既是声旁也是形旁，表示泥地，为形声字。泉，甲骨文为 🌀，像石洞 ⌂ 里细流涓涓 𝄇，字形与字义密切联系，为象形字。甘，甲骨文为 ⊟，在 ⊔（"口"）中加一短横指事符号 ▬，指事符号代表口腔内的舌头或嘴部的动作，整个字形表示用口、舌品尝美味，为指事字。

41. 【答案】A

【解析】此题考查字体的演变。带"?"的四个字字体抽象，笔画圆润，与横平竖直的隶书不同，更不同于如飞的草书和如行的行书，而与小篆的特点相符合。

42. 【答案】D

【解析】此题考查字义。"甘甜""甘苦""甘霖"中的"甘"都为"甜"义，而"甘愿"中"甘"为"甘心，乐意"义。

43. 【答案】B

【解析】此题考查"别字"概念与成语的正确书写形式。"别字"即"错别字"，只有B选项中"安"为错别字，应为"按兵不动"。

44. 【答案】A

【解析】此题考查词义与语素义。"泉下"即黄泉之下，指人死后所埋葬的地方，也指阴间，不是单纯地指泉水的下面。其余选项皆为词语的字面义。

45. 【答案】B

【解析】此题考查趋向词"下去"。句（1）中"下去"跟在动词后，表示动作继续进行，与选项B相同。选项A和C中都用在形容词后，表示某种状态继续发展。选项D中用在动词后，表示动作由高处到低处的趋向。

46. 【答案】A

【解析】此题考查近义词辨析。"赶紧"和"连忙"都是副词。"赶紧"经常用于祈使句，如"赶紧走吧，别迟到了"，也可用于陈述句，如"我赶紧擦干了眼泪"。"连忙"不能用于祈使句，只能用于陈述句，如"踩了小红一下，我连忙向她道歉"。

47. 【答案】B

【解析】此题考查汉语的句式。句（2）的句式较为特殊，不是单纯的"把"字句，而是"把"字句和连动句的套用，这时，"把"字句是连动句的一个动词性成分，或连动句充当"把"字句的谓语成分。这句话可以改成"被"字句，但句式变动较大。

48. 【答案】A

【解析】此题考查的是对课文的认识。选项的内容在课文中都出现了，但课文中的"等下去"中的"下去"应属于"下去"的引申用法，而不是基本用法。

49. 【答案】C

【解析】此题考查词语含义与用法。原句中"一脸"指"满脸"，"一"有"满"的意思。选项A、B、D都是实指数字"一"，只有选项C中"一"的意义与原句相同。

50. 【答案】D

【解析】此题考查本课的重点及主要内容的延伸。原课文是记叙文，记叙了一件事，所以较为适合的拓展练习也应该与原课文一致。

第二部分

51—56. 【答案】B、E、G、A、D、F

【解析】51—56题考查第二语言教学法的基本概念、特点和教学步骤。第51题为"情景法"的一般教学过程；第52题为"听说法"的特点；第53题为"视听法"的教学过程；第54题为"认知法"的特点；第55题为"语法翻译法"的定义；第56题为"直接法"的定义。

57. 【答案】D

【解析】此题考查国际汉语教师能力。国际汉语教师不是简单的语文老师或者外语老师，所以最需要的技能不在于汉语或外语的听说读写能力，而相较于自我的跨文化交际能力，由于教学环境和学生的特殊性，国际汉语教师更需要的是组织课堂和加工教学内容的能力。

58. 【答案】C

【解析】此题考查2012版《国际汉语教师标准》的基本内容。根据12版《标准》第（3）条：教学组织与课堂管理。

59.【答案】D

【解析】此题考查 2007 版《国际汉语教师标准》的细节内容。根据 07 版《标准》第（4）条：教学方法。包括"汉语教学法""测试与评估""课程、大纲、教材与教辅材料"和"现代教育技术与运用"四个标准。

60.【答案】A

【解析】此题考查教师的学生工作。学习风格是影响学习的重要因素；家庭情况、年龄大小涉及隐私问题，也不对学习起决定性作用；个人爱好对学习不能起决定性作用。

61.【答案】C

【解析】此题考查国际汉语教师的心理调节能力和手段。缓解紧张情绪的最好办法就是做好十足的准备，其中最适合并且最易实时操作的为 C 选项。A、B、D 选项都较难实施，且需花费大量时间精力。

62.【答案】B

【解析】此题考查新旧版《国际汉语教师标准》的细节。旧版的模块（5）中涉及了教师的职业发展能力的描述。

63－67.【答案】D、C、B、E、A

【解析】63－67 题考查汉语语法教学的原则——复杂语法点的分阶段教学。"着"的相关句型的教学应遵循从简到繁，使用频率从高到低的教学顺序。最简单的句型为 D，主谓结构加"着"，谓语后不必加宾语；第二步应为 C，比 D 句型多了宾语，谓语动词后必须加宾语；第三步为 B，与第二步的 C 句型相比，主语变为处所名词；第四步为 E，前三个句型都是最简单的主谓或主谓宾句型，E 句型则加入了处所状语；最后一个也就是最复杂的句型，是句中用"着"连接两个动词的 A 句型，前四句"着"只表示了一个状态，这里的"着"则连接了两个状态。

68.【答案】A

【解析】此题考查的是对课文重点的认识。课文中出现最多的语法点就是"比"字句，而且课文的情景设置也符合比较的情景。

69.【答案】D

【解析】此题考查教师在教学中对于课文以及课本中语法点的整体认知。本课课文中并未出现"把"字句、"被"字句和"连"字句，只有"连动句"（我想搬到学校外面去住），所以本课之前应先讲连动句。

70.【答案】B

【解析】此题考查对于课文难度和词汇难度的认知。"便宜"是留学生日常生活中接触较多的词，不需要进行特别注释。

71.【答案】B

【解析】此题考查教师结合课文重点设定教学目标的能力。本课的学习重点为

214

"比"字句，教学目标应该为教会学生使用"比"字句，所以培养目标也应设定为相应的谈论相似事物，进行比较的能力。

72. 【答案】C

【解析】此题考查母语负迁移的特点。在英语中，"比"字句的否定式中否定词放在形容词前，也就是C选项的情况，符合英语中的表达顺序：She is not thinner than me. 直接翻译成中文就是"她不瘦比我"。

73. 【答案】A

【解析】此题考查语音知识。舌面、不送气、清、塞擦音为j，也就是"近"的声母。"在"的声母为z，是舌尖前、不送气、清、塞擦音；"忙"的声母为m，是双唇、浊、鼻音；"什"的声母为sh，为舌尖后、清、擦音。

74. 【答案】B

【解析】此题考查结合实际应用教学法。对"比"字句进行教学时采用的最佳方法应该是结合情景进行教学，教师应多创设情景引导学生使用"比"字句进行表达训练。"对比法"有汉外对比和汉语内部对比两种，汉外对比可以是不同点对比，如汉语和英语中时间状语的位置，也可以是相同点的对比，如汉语中的"不再""再不"和"no longer""no more"基本对应。汉语内部对比有"有"和"无"的对比（如："有"了"和无"了"的对比）、相近语法点的对比（如："刚才"和"刚"）和相反语法点的对比（如："就"和"才"）三种。"生成式教学"分扩展式生成（如：状语使用的训练）和紧缩式生成（如："连"字句教学）。使用"以旧代新法"较多的为"把"字句到"被"字句的转换练习。

75. 【答案】D

【解析】此题考查对于几个基本的教学模式的认识。表中所列教学环节为吴中伟提出的任务模式的课堂教学的三个阶段。三个阶段分别对应任务前、任务中和任务后。"传统模式"一般分为四个环节：复习、新课教学、小结、布置作业。"改良的传统模式"为基于特定主题的发言或讨论式，分为三块：课前——教师确定主题，布置任务；课堂——学生轮流发言或小组讨论，教师讲评；课后——延伸性写作任务。"3P模式"为语言训练阶段的句子训练所采用的模式：句型展示、机械练习、交际练习。

76. 【答案】B

【解析】此题考查对于任务模式的教学环节的分析。任务型教学模式最适合于口语教学，完成口语交际任务。题目中所列教学环节显而易见是为了口语课所设计的。听力课使用较多的是听力三部曲模式，包括改良的听力三部曲模式，分为听前、听中和听后三个环节。阅读课课堂环节主要包括复习旧课、阅读技能训练、阅读实践、词汇学习和总结（布置作业）。综合课的教学模式和教学环节则更复杂。

77. 【答案】D

【解析】此题是对任务模式的优缺点的考查。在任务模式的整个过程中，教师主要起到引导和推动的作用，整个环节中，学生是主要参与者，所以是以学生为中心，可以让学生学以致用。学生是教学活动的主要参与者，能调动学生的参与积极性，课堂较为活跃。但任务模式对于学生的要求较高，初级阶段的学生掌握的词汇较少，难以成段甚至难以成句表达，所以任务模式并不适合初级阶段的学生。在任务模式下，不应该提供给学生完整的课文，要充分发挥学生的创造性，所以教学内容和重点较难掌握，课堂也会较难控制。

78. 【答案】C

【解析】此题考查的是执行阶段提高输出质量的手段。注意，本题题干中问的是录音的主要目的。表演时进行录音的主要目的是使学生比较重视输出的质量，因为录音可以形成一种较为正式的氛围。

79. 【答案】C

【解析】此题考查的是互动模式的类型。执行阶段的表演要分小组进行，也就是小组活动。

80. 【答案】B

【解析】此题考查的是课堂管理技巧。A和D都会对课堂的正常教学进程有影响，应该尽量避免；C并不能直接对该学生有提醒的作用；B既是课堂的正常教学进程，又能直接提醒该学生。

81. 【答案】C

【解析】此题考查的是语言点练习的类型。重复练习和机械练习都是通过不断地重复进行练习的方法。记忆性练习是利用记忆进行的练习。这一活动是通过A和B的言语交际完成的，所以是交际性练习。

82. 【答案】A

【解析】此题考查的是对课型和教学环节的认识。这一活动注重学生口语表达能力的培养，所以是口语课。

83. 【答案】D

【解析】此题考查的是教学活动中的师生关系。本堂课属于在教师的引导下学生参与进行的口语课，教师只是在进程中起引导作用，学生参与到课堂活动中。

84. 【答案】B

【解析】此题考查的是对材料所对应的教学模式的认识。这一教学活动所对应的口语教学模式是"改良的传统模式"。选项A与C是传统模式的缺点，选项D是任务模式的缺点。由于在教学过程中，教师只是起引导作用，所以指导会过于零散，不够系统。

85. 【答案】C

【解析】此题考查口语课中的纠错方法与步骤。在成段表达训练与交际训练时不要逢错必纠，而是采取集中纠正的方式比较好。这种纠错过程分为三个阶段：由于是成段表达，教师不宜打断，所以要随时记录学生的错误；之后进行统计，分析错误的次数与类型，分清楚是系统前错误还是系统中错误或者是系统后错误；最后针对学生特点与错误类型，选取合适的纠错方法。在纠错的过程中，不需要分析学生错误的原因。

86. 【答案】D

【解析】此题考查教师组织课堂的对策。课堂内有的学生由于性格的问题，较为内向，不能充分参与到课堂活动中，尤其是小组活动会依赖于组内几个较为活跃的同学，所以最好的办法是让小组内的每个成员都要有任务，其余的三个选项都不能完全调动全组的参与度。

87. 【答案】A

【解析】此题考查的是对教师在特定教学活动中的角色的认识。教师在课前就必须设计好、准备好教学活动，体现了教师设计者的角色。

88—93. 【答案】C、D、A、F、E、B

【解析】88—93题考查对于6种更正性反馈策略的理解应用。第88题，教师在纠错时讲解了语言本身的差异，即"应该"与学生想用的词的差异，让学生意识到自己的错误，属于"提供元语言知识"；第89题，在学生出现偏误时，教师要求学生重新表达，即"要求澄清"；第90题，教师直接指出了学生的错误并告诉了学生正确的形式，属于"明确纠正"；第91题，教师通过提问诱导学生说出正确的句子，属于"诱导"；第92题，教师用升调反问的形式重复了学生的偏误，以引起学生的注意，属于"重复"；第93题，教师直接把学生的偏误用正确的方式重述了一遍，不改变原来的意思，属于"重铸"。

94. 【答案】A

【解析】此题考查丝绸的发展历程。西周时期，统治者对手工业生产已有了严格的组织与管理，丝绸生产技术比商代有所进步，设立了专门负责丝绸生产的官员。

95. 【答案】D

【解析】此题考查汉服基本结构的相关知识。汉服的基本结构历代一直都是交领右衽，交领指衣服前襟左右相交，汉服系服装的衣襟一般是向右掩（左前襟掩向右腋系带，将右襟掩覆于内），称为右衽。并且如图所示，素纱禅衣为直裾。直裾，即襜褕，语出《说文解字》，是华夏衣冠体系中的一种，其短者谓之裋褕，衣襟裾为方直，区别于曲裾。曲裾是汉服的一种款式。按照《礼记》记载，深衣一大特点是"续衽钩边"，也就是说这种服式的共同特点是都有一幅向后交掩的曲裾。

96. 【答案】B

　　【解析】此题考查汉服的发展历史。汉服源自黄帝制冕服，A错误；汉服于汉朝时就依据"四书""五经"形成了完备的冠服体系，C错误；深衣属于汉服，D错误。

97. 【答案】C

　　【解析】此题考查汉代地方行政体制。西汉初年，在地方上继承秦朝的郡县制，同时又分封诸侯王国，郡国两制并行。"分封制"为周代实行，"郡县制"为秦代实行，"行省制"在元朝开始实行。

98. 【答案】D

　　【解析】此题考查古文化体系与文化遗址的大致时间。从所处的地理位置及历史阶段看，西阴村遗址所处的时代为仰韶时期（距今约5600年至6000年）。"仰韶文化"是黄河中游地区重要的新石器时代的一种彩陶文化，其持续时间大约在公元前5000年至前3000年（即距今约7000年至5000年），分布在整个黄河中游从今天的甘肃省到河南省之间。"河姆渡文化"是中国长江流域下游地区的新石器时代文化，它的年代为公元前5000年至公元前3300年，是新石器时代母系氏族公社时期的氏族村落遗址，反映了约7000年前长江下游流域氏族的情况。"红山文化"是位于辽宁西部、内蒙古东部起始于5000多年前的农业文明，是中国已知出现最早的文明，是华夏文明最早的文化痕迹之一，时代大致为公元前4000至公元前3000年。"马家浜文化"是中国长江下游地区的新石器时代文化，年代约始于公元前5000年，距今7000余年的历史，到前4000年左右发展为崧泽文化。

99. 【答案】B

　　【解析】此题考查汉服的体制。"上衣下裳"——上穿衣下穿裳，裳即是裙。上衣下裳是中国最早的服装形制之一，为汉服体系的第一个款式。而深衣属于深衣制，与上衣下裳制相对，把衣、裳连在一起包住身子，分开裁但是上下缝合，因为"被体深邃"，因而得名。通俗地说，就是上衣和下裳相连在一起，用不同色彩的布料作为边缘（称为"衣缘"或者"纯"）。长衫和旗袍也都是上下一体，不分开。襦裙出现在战国时期，兴起于魏晋南北朝。襦裙属于汉服的一种，上身穿的短衣和下身束的裙子合称襦裙，是典型的"上衣下裳"衣制。上衣叫做"襦"，长度较短，一般长不过膝，下身则叫"裙"。

100. 【答案】B

　　【解析】此题考查丝绸的传播历史。在印度政治家、哲学家考底利耶的《政事论》一书中有"cinapatta"一词，意思就是"中国的成捆的丝"。考底利耶据说生于公元前四世纪，这说明，最晚在公元前四世纪，中国丝绸便已输入印度，也就是大致在春秋战国时期。

　　说明：第三部分"综合素质"为情境判断题，考查考生的个人态度倾向，没有统一的标准答案。

《国际汉语教师证书》考试模拟试卷五

答案与解析

第一部分

1. 【答案】A

【解析】此题考查汉语拼音拼写规范。拼写汉语拼音时，一句话的第一个字母需大写，排除 B 选项。词的汉语拼音之间无空格，需连写，如 měilì、mòlìhuā，排除选项 C、D。故选 A。

2. 【答案】C

【解析】此题考查音节和音素的关系。音素是最小的语音单位，汉语音素包括 10 个元音，22 个辅音，总共有 32 个。一个音节，至少有一个音素，至多有四个音素。本题中"香"（xiāng）这个音节可拆分为四个音素：x、i、a、ng。

3. 【答案】A

【解析】此题考查韵母的相关知识。音节中声母在前，韵母在后。"园"的音节是 yuan，是零声母音节，韵母是 üan。《汉语拼音方案》规定，ü 行韵母，前面没有声母时，前面加 y，ü 上两点省略。

4. 【答案】B

【解析】此题考查汉字笔画。"摘"的笔画数是十四，分别为：横、竖钩、提、点、横、点、撇、竖、横折钩、横、竖、竖、横折、横。

5. 【答案】B

【解析】此题考查汉字的造字法。汉字的四大造字法是象形、指事、会意、形声。《说文解字》："指事者，视而可识，察而见意，上下是也。"指事字一般由非象形的抽象符号或在象形字上加抽象符号构成。如：上、下是抽象符号构成的指事字，本、末是由象形字加抽象符号构成的指事字。

6. 【答案】C

【解析】此题考查汉字笔顺和笔画类别名称。"戴"共十七画，分别为：横、竖、横、竖、横折、横、竖、横、横、竖、竖、横、撇、点、斜钩、撇、点。第十画是竖，故选 C。

7. 【答案】D

【解析】此题考查汉语词语的声韵分类。双声是指一个双音节词中两个音节的声母相同，如流离、荏苒；两个音节的韵母相同则构成叠韵，如萧条、欸乃。外来词，也称外来语，指一种语言从别的语言借来的词汇，如纽约、芭蕾舞、WTO。"茉莉"两字声韵母皆不同，属于非双声叠韵词。

8. 【答案】C

【解析】此题考查现代汉语词汇的语法分类。补充式合成词指前一个语素是词义中心，后一个语素作补充说明，如：拆穿、改进。还有一种补充式合成词，如花朵、车辆，后一语素原为量词，这里只起补充作用，表示事物的总称。题中"摘下"是动补短语，不是合成词。

9. 【答案】D

【解析】此题考查汉字的结构模式。半包围结构的字一般有连续两个或三个边被封住，如"这"的走之底、"式"的右上部分、"区"的外框、"凶"的外框等。题目中的"有"属于半包围结构。

10. 【答案】A

【解析】此题考查"来"字的不同语法含义。"来"的意思很多。题干中"让我来将你摘下"的"来"用在动词前，表示要做某事，同样用法的只有A项"由他来做这件事"。B项的"来"用在动词后，表示估计或着眼于某一方面。C项表示由彼至此，与"去""往"相对，"来年"相当于"明年"。D项表示时间从过去某时持续到现在。

11. 【答案】B

【解析】第11—15题考查短语类型的判定。偏正短语是由修饰语和中心语组成，结构成分之间有修饰与被修饰关系的短语。名词、动词、形容词与它们前面起修饰作用的成分都可组成偏正短语。偏正短语包括定中短语和状中短语。

12. 【答案】C

【解析】兼语短语是由前一个动词的宾语兼做后一个动词或形容词的主语，即动宾短语的宾语和主谓短语的主语套叠，形成一个宾语兼主语的兼语。如"请君入瓮"的"君"是"（主语）请君"这一动宾短语的宾语，同时又是"君入瓮"这一主谓短语的主语。

13. 【答案】A

【解析】主谓短语由两个成分组成。前一个成分的功能是提出主题，称为主语；后一个成分对主题加以陈述，称为谓语。主语和谓语构成了主谓关系（或主述关系，即"主题—陈述"关系）。如"思想解放"，"思想"是主语，"解放"是谓语，两者构成主谓关系。

14. 【答案】D

【解析】联合短语指两个或两个以上的词不分主次、平等并列地组合在一起的短语。一般来说，联合短语的各组合项的语法性质应该是相同的，如"春夏秋冬"。

15. 【答案】E

【解析】连谓短语是由两个谓词性成分组合在一起所形成的，彼此并不构成主谓、动宾、偏正、联合等关系的短语。连谓短语里的两个谓词性词语之间也没有语音停顿，如"上街买菜"由"上街"和"买菜"两个谓词性成分构成，注意，两者之间无停顿。

16. 【答案】D

【解析】第16—21题考查句子类型的判定。特指疑问句是指用疑问代词代替未知成分的问句，如使用"谁、什么、几时、哪、怎么"等疑问代词代替所要提问的未知成分，要求对方就疑问代词代替的部分作答。

17. 【答案】A

【解析】连动句是用连动短语充当谓语的句子，或者是由连动短语直接构成的句子，特点是两个动词短语互不作成分，而是共同的谓语。

18. 【答案】C

【解析】转折复句前面分句提出某种事实或情况，后面分句转而述说与前面分句相反或相对的意思，重心在转折的后面。

19. 【答案】G

【解析】感叹句属于汉语四大句类的一类（其他三类为：陈述句、疑问句、祈使句）。其为带有浓厚感情的句子，表示快乐、惊讶、悲恸、恐惧等浓郁情感，句末都用叹号表示。

20. 【答案】E

【解析】并列复句由两个或两个以上的分句并列组合而成，这些分句叙述相关的几件事情，或说明相关的几种情况，它们之间没有主次之分，常由分句直接组合而成。

21. 【答案】B

【解析】祈使句的作用是要求、请求或命令、劝告、建议别人做或不做一件事。"但愿人长久"表达的是一种愿望。

22. 【答案】A

【解析】此题考查多义词的读音和词义。"规矩"的发音是 guīju，在本题中的意思为（宴会中的）规则礼法。言行正派是其引申义。

23. 【答案】B

【解析】此题考查"都"的意思和用法。"大家都要给他敬酒"的"都"意为全、完全，与之意思相同的是A、C、D项中的"都"。B项中的"都"表示语气的加重。

24. 【答案】B

【解析】此题考查疑问句类型的判定。正反问句就是用肯定和否定的词语相叠的方式提问，一般让人选择一项作答，如"是不是、来不来、有没有"等，句（3）属于此类。特指问句是用疑问代词代替未知部分，要求对方就未知部分作答的问句，常用的疑问代词有"谁、怎么、什么"等，句（5）属于此类。

25.【答案】C

【解析】此题考查"怎么"的不同用法和含义。"怎么"在句式中的意义很多。句（4）的意思是用于任指，其前常用"不论、不管"等词，其后常用"都、也"等词相照应。与之意义相同的是选项C。A选项的"怎么"用于询问原因。B选项的"怎么"用于感叹，有加强语气的作用。D选项的"怎么"表示某种程度。

26.【答案】B

【解析】此题考查"当"在具体语境下的发音和含义。这里的"茶当酒"的"当"是姑且作为的意思，读作去声。

27.【答案】A

【解析】此题考查"代替"和"替代"的辨析。"代替"是暂时性的，主动性强于"替代"；"替代"是永久性的，主动性弱于"代替"。

28.【答案】B

【解析】此题考查课程设置的语法重点的判断。不同形式的疑问句在选段中连续出现，故为本课重点。

29.【答案】D

【解析】此题考查"还"的意义和用法。"考试还高兴"的"还"表示反而、反倒，选项D与之意义相同。A选项的"还"表示尚可，勉强过得去。B选项的"还"表示再、又。C选项的"还"表示尚且。

30.【答案】A

【解析】此题考查教学方法的选择。"先、然后、再、最后"等这些表示时间顺序的词带入语境更易习得，可采用提供语境并让学生完成对话的方式。

31.【答案】C

【解析】此题考查"一……就……"句式的分析。"一考完我就走"是"一……就……"的句式，主语都是"我"，故C选项有误。

32.【答案】C

【解析】此题考查课程拓展话题的设置。选段中提及了旅游这一话题，可就此拓展。

33.【答案】B

【解析】此题考查发音训练类别的判定。"金、京""林、龄"的区别在于韵母，前者为前鼻音，后者为后鼻音。

34.【答案】C

【解析】此题考查同义词替换。"上下"在句中有表示约数的意义，如"五十岁上下""八两上下"。与之有相同用法的是"左右"，如"五十岁左右""八两左右"。

35. 【答案】B

　　【解析】此题考查复句类型的判定。复句主要包括并列复句、承接复句、递进复句、选择复句、转折复句、假设复句、因果复句、条件复句等八种。句(2)属于并列复句，关联词是"既……又……还……"。

36. 【答案】A

　　【解析】此题考查句子蕴含的语义关系的判定。句(3)中的关联词"不仅……也……"表明了其递进的语义关系。

37. 【答案】A

　　【解析】此题考查语素教学法。语素是最小的语法单位，最小的音义结合体，是比词更加根本的东西，具有自由性、非依附性。A选项"生活费""交通费""医疗费"共有的"费"就是一个语素，这种延伸教学法称为"语素教学法"。B选项是近义词替换。C选项是反义词教学。D选项是教授程度的变化。

38. 【答案】C

　　【解析】此题考查"是"的含义。"一个人住是很安静"的"是"表示强调，有"的确、实在"的意思。

39. 【答案】B

　　【解析】此题考查偏误类型的判定。属于搭配不当的偏误。"重庆"和"麻烦"搭配不当，可改为"我觉得在重庆游览有点儿麻烦"。

40. 【答案】A

　　【解析】此题考查偏误类型的判定。属于语序错乱的偏误。可改为"所以不可能骑自行车"。

41. 【答案】D

　　【解析】此题考查对具体案例中留学生写汉字易出现问题的分析。该留学生作文中出现了"夏、候、我、门、磁、器、碑"等字丢失笔画的现象，另外，"山冈"写成了"山刚"，属同音字误用，可见该学生写汉字时容易出现此类问题。

42. 【答案】C

　　【解析】此题考查"遗忘曲线"的提出者。"遗忘曲线"由德国心理学家艾宾浩斯研究发现，描述了人类大脑对新事物遗忘的规律。

43. 【答案】C

　　【解析】此题考查遗忘变化的特点。遗忘变化的特点是先快后慢。

44. 【答案】D

　　【解析】此题考查记忆类别的判断。按保持的状态和时间分类，记忆可分为感觉记忆、短时记忆和长时记忆。

45. 【答案】A

　　【解析】此题考查具体案例记忆类别的判定。这种记忆方式属于短时记忆，时间很短，大约是5～20秒，最长不超过一分钟。

46. 【答案】C

【解析】此题考查遗忘的相关理论。干扰信息保持的因素有两种，即前摄抑制和倒摄抑制。

47. 【答案】A

【解析】此题考查"需求层次理论"的提出者。该图是美国心理学家马斯洛提出的需求层次理论。

48. 【答案】B

【解析】此题考查"需求层次理论"的具体层次名称。需求层次理论从下到上依次是生理需求、安全需求、归属与爱的需求、尊重需求、自我实现的需求。因而最上层是自我实现的需求。

49. 【答案】C

【解析】此题考查"需求层次理论"的具体层次名称。金字塔从上至下第三层是归属与爱的需求。

50. 【答案】A

【解析】此题考查对与"需求层次理论"相符的教学观念的判断。根据需求层次理论，经常鼓励学生可以满足学生的尊重需求，从而激励学生努力学习，不断进步。B、C、D选项都过于偏颇。

第二部分

51. 【答案】C

【解析】第51—56题考查对词汇教学方法的判定。直接法又称"改革法"或"自然法"，19世纪末20世纪初产生于西欧，主要是德法两国。这是与语法翻译法相对立的教学法，主张以口语教学为基础，按幼儿习得母语的自然过程，用目的语直接与客观事物联系而不依赖母语，不用翻译的一种第二语言教学法。直接法的语言观认为语言是习惯，语言的运用是靠感觉和记忆而不是思维。

52. 【答案】F

【解析】该描述属于词汇教学法中的联想法。这种教学法的特点是在教学过程中最大可能地进行有效的词汇联想与扩展。

53. 【答案】D

【解析】该描述属于词汇教学法中的搭配法。搭配法是指通过词与词搭配学习词汇的方法，如名词与量词搭配，动词与宾语搭配。

54. 【答案】B

【解析】情景法是二十世纪二三十年代产生于英国的一种以口语能力培养为基础，强调通过有意义的情景进行目的语基本结构操练的教学法。该描述属于情景法。

55.【答案】E

【解析】该描述属于词汇教学法中的类聚法。类聚法是指利用词语之间的聚合关系，依据一个固定的语义群或话题，将相关的词语同时讲解或复习，使新旧词语互相对照，进而系统学习词汇的方法。

56.【答案】A

【解析】翻译法又称"传统法"或"古典法"，是以系统的语法知识为纲，依靠母语，通过翻译手段，主要培养第二语言读写能力的教学法，是第二语言教学史上第一个完整的教学法体系。

57.【答案】C

【解析】第57—59题考查跨文化交际障碍类别。中西课堂普遍对活跃度理解有异，中国学生习惯记笔记，注重知识的习得，而缺乏与教师的互动，西方学生则反之，这在跨文化交际障碍中属于认识上的误区。

58.【答案】B

【解析】书籍中诸如此类对于美国人、日本人、英国人等的下定义式的评述属于跨文化交际障碍中的刻板印象。刻板印象主要是指人们对某个事物形成的一种概括固定的看法，并将这种看法推而广之，认为这个事物或者整体都具有该特征，而忽视个体差异。其积极作用在于简化了认知过程，节省了大量时间、精力，使人们能够迅速了解某类事物的大概情况；消极作用在于让人在认知过程中忽视个体差异，造成先入为主，妨碍了全面正确的评价。

59.【答案】A

【解析】欧美学者所著世界文学史习惯以欧洲为中心，而忽略亚洲、非洲、拉丁美洲的文学成就，这样的现象属于民族中心主义。民族中心主义是一种认为自己文化优于他文化的信条。其实，每一种文化都具有其独创性和充分的价值，每一种文化都是一个不可重复的独立的体系。一切文化价值都是相对的，各民族文化在价值上是平等的。民族中心主义是一种应该摒弃的思想观念。

60.【答案】B

【解析】第60—62题考查儒道思想的知识点。"仁"是孔子思想体系的核心和总纲。"仁"作为中国古代一种含义极广的道德范畴，本指人与人之间相亲互爱。孔子率先将整体的道德规范集于一体，形成了以"仁"为核心的伦理思想结构，包括孝、悌、忠、恕、礼、智、勇、恭等内容。

61.【答案】D

【解析】孔子之后，孟子全面发展了儒家思想，并提出以性善论为基础的仁政说。孟子，名轲，孔子之孙孔伋的再传弟子，是战国时期伟大的思想家、教育家，儒家学派的代表人物，与孔子并称"孔孟"。

62.【答案】F

【解析】《庄子》又称《南华经》，战国早期庄子及其后学所著，与《老子》《周易》合称"三玄"。《庄子》一书主要反映了庄子的哲学、艺术、美学思想与人生观。文笔汪洋恣肆，极富浪漫主义风格，瑰丽诡谲，是先秦诸子文章的典范之作。

63. 【答案】A

【解析】此题考查课程设置的适用对象。学习内容是基础的自我介绍，前期准备是一些不同颜色的，写着自我介绍要素的汉字卡片，课堂活动简洁，要求较为简单，可据此初步判断该活动计划适用于少儿初级水平。

64. 【答案】C

【解析】此题考查课堂活动的具体设置。课堂活动由前期准备、主题活动、学习成果评估三项构成。

65. 【答案】C

【解析】此题考查互动模式的判定。询问他人的要求是向不同的人询问其基本信息（姓名、年龄、爱好），最适合以小组互动的形式进行。

66. 【答案】C

【解析】此题考查课堂突发情况的处理方案。如果学生在课堂教学过程中出现局部过于活跃的现象，最佳的处理办法是走到学生旁边。公开点名提醒有伤学生自尊，改变学生座位会影响课堂教学的正常进行，表扬其他学生会让学生产生逆反心理。相较之下，走到学生旁边对学生和课堂的影响最小，收效较好。

67. 【答案】D

【解析】此题考查组织活动的注意事项。组织文化体验活动应避免文化冲突，对比并评判各国传统音乐的优劣会引发文化冲突。

68. 【答案】D

【解析】此题考查活动适合的人群。活动内容有关中国传统音乐，且是欣赏而非专业性质。中国传统音乐属于中国文化，故对中国文化感兴趣的当地民众同样适合来参加该项活动。

69. 【答案】D

【解析】此题考查中国民族乐器。这个成语（曲目）是"高山流水"，演奏乐器是古琴。"高山流水"典故最早见于《列子·汤问》，传说先秦琴师伯牙善于抚琴，他的好友钟子期善于听琴，当伯牙赞咏高山，子期就能描绘出那座山的模样，当伯牙弹奏汪洋的江河，子期就能感受到水面的壮阔。钟子期去世后，伯牙痛失知音，摔琴绝弦，终生不弹。后人以"高山流水"比喻知音知己，也比喻乐曲高妙。

70. 【答案】C

【解析】此题考查原始社会音乐的作用。"作乐崇德""殷荐之上帝""以配祖考"等语表明原始社会的音乐与宗教祭祀有关。该段话是说："春雷轰鸣，大地震动，催发万物，先王取法于声满大地的雷鸣，制作音乐，歌功颂德，光荣归于上帝，归于祖先。"

71.【答案】A

【解析】此题考查音乐理论著作。《乐律全书》为明朝朱载堉所撰，是一部乐舞律历类书，共四十卷，详尽阐明了"十二平均律"，比之欧洲更早更精确。

72.【答案】A

【解析】此题考查口语技能训练初级阶段训练重点的判断。根据选段，对象是零起点的学生，阶段为初级，结合后面训练目标的阐述，可判断重点应为语音和单句。

73.【答案】A

【解析】此题考查描述所对应的训练环节。选段中反复出现"能够……""可以……"等句式，可推断是对于训练目标的阐述。

74.【答案】A

【解析】此题考查对外汉语课堂教学的教学目标所包括的内容。对外汉语课堂教学的教学目标，包括语言知识、语言技能、学习策略和文化意识。

① 语言知识：指语音、词汇和语法等方面的定义、概念、规则、用法。

② 语言技能：指运用语言进行听、说、读、写的交际能力。

③ 学习策略：指较为一般的自我管理活动，诸如计划、领会、监控等。

④ 文化意识：指对与本民族有差异的文化现象、风俗习惯有充分正确的认识。

75.【答案】C

【解析】此题考查教师授课时的理想位置。教师在进行口语语言点展示的时候，理想位置是在教室正前方以集中学生注意力。A选项固定在讲台周围便于控制电脑，忽略了教学对象学生这一主体，教师在课堂中起主导作用，不仅仅是课件的展示者，教师的注意力应主要放在学生身上。B选项前后不停走动会分散学生的注意力，教师进行课堂互动没有必要过于频繁移动自身位置。D选项在教室前方横向移动也会在一定程度上分散学生的注意力，且横向移动没有兼顾到教室后排的学生。故最佳位置是教室正前方，既能兼顾全班，又有利于学生集中注意力。

76.【答案】B

【解析】第76—80题考查学习任务和学习类型的匹配。智慧技能是加涅划分的学习结果类型之一，指运用概念和规则对外办事的能力，如应用规则将单词解码并理解语言。理解性阅读刊登在日报上的关于一些事件的报道属于该种技能。

77.【答案】C

【解析】态度是个体对特定对象所持有的稳定的心理倾向，如对特殊类型的娱乐作出个人行动过程的选择。从观看各种体育比赛和戏剧表演中寻求乐趣属于该类。

78. 【答案】E

【解析】言语信息指的是能用言语（或语言）表达的知识，如陈述信息，以便使其命题意义得以保持。传达在安装玻璃纤维天花板绝缘板时必须注意的事项属于该类。

79. 【答案】A

【解析】动作技能指通过练习巩固下来的、自动化的、完善的动作活动方式，如弹琴、写字等平稳地执行一个有时间限制的动作。用手把唱针放入电唱机唱片上的第一个纹道里属于该种技能。

80. 【答案】D

【解析】认知策略是学习者加工信息的一些方法和技术，有助于有效地从记忆中提取信息，其基本功能在于对信息进行有效的加工整理，和对信息进行分门别类的系统储存，如通过发明来解决一个新问题。想出一个"生态学"游戏，以便全家外出时在汽车中玩属于此类。

81. 【答案】B

【解析】此题考查对适合略讲的生词的判断。四项中只有"信封"是描述具体可感事物的实义词，只需通过实物法或借助图片讲解即可，适合略讲。

82. 【答案】D

【解析】此题考查对不适宜用图示法讲解的生词的判断。"圣诞节""邮局""信封"这些实义词都有其对应的具体事物或相应的文化背景，可直接运用PPT图片展示讲解。"整整"指达到一个整数的，需要搭配数量词来讲解其义。

83. 【答案】A

【解析】此题考查对生词讲解方法的选择。"整整"指达到一个整数的，需要搭配数量词来讲解其义，故放在语境中讲解"整整写了两个小时"的用法较为合适。

84. 【答案】D

【解析】此题考查对具体案例训练目标的判断。根据听力内容，是在整体理解文意的基础上进行对错判断分析，可见属于整体概括的能力。该练习没有涉及需要对比判断的信息，排除A选项；该练习的正误判断基于本材料已给出的事实，不包括需要联想猜测的内容，排除B选项；该练习需要进行正误判断的内容是基于本材料较为笼统的信息，不涉及具体时长、事物等细节，故排除C选项。

85. 【答案】B

【解析】此题考查任务型练习形式的判定。任务型练习强调"做中学"，基本理念是让学生在教师的指导下，通过感知、体验、实践、参与和合作等方式实现任务的目标。B选项让学生进行背诵表演不属于此类练习。

86. 【答案】C

【解析】此题考查具体案例中方法采用的目的。例句通过改变该语法点"也"前后的成分，以达到练习词语替换，巩固语法点的目的。

87. 【答案】D

【解析】此题考查"再"的例句设计。"再"的意义很多，选段中"你一会再去寄吧"的"再"表示重复或继续，是未然的情况。A、B、C选项的"再"与之同义。D选项的"再"表示又一次。

88. 【答案】A

【解析】此题考查对适合详析的生词的判断。"教练""比赛""记者"这些实义词都有其对应的具体事物，可直接运用PPT图片展示讲解。"提高"是一个动词，比较抽象，需要搭配宾语来讲解其义。

89. 【答案】A

【解析】此题考查对教案重点的判断。教案的重点应在教学环节。传统的教学环节一般包括复习、导入新课、教授新课、巩固练习、课堂小结、布置作业几个基本部分，它们构成了教案的主体。

90. 【答案】D

【解析】此题考查对已习得语言点的推测。根据选段可以推测本课反复出现的"是……的"强调句和"比"字句应该是本课需要重点习得的新语法点。"把"字句没有出现。"了"的用法学生应在本课前已习得。

91. 【答案】C

【解析】此题考查"下来"的例句设计。"他是去年从国家队下来的"中的"下来"指从较高部门到较低部门，与它意思相同的是C选项。A选项的"下来"表示一段时间终结。B选项"下来"表示从高处下到低处。D选项的"下来"用在形容词后，表示某种状态开始出现并继续发展。

92. 【答案】C

【解析】此题考查具体案例教学方法的判定。情景法是以案例或情景为载体引导学生进行探究性学习，调动多种感官启迪思维。题干所说的方法属于情景法。暗示法指的是教师通过创造可暗示的课堂环境，用学生最可能接受和记忆的方法将语言材料教给学生；实物法是教师在课堂上通过展示各种实物、直观教具或进行示范性实验，让学生通过观察获得感性认识的教学方法；全身反应法是美国学者詹姆士·阿歇尔于20世纪60年代提出的，倡导将语言和行为相联系的教学法，通过身体动作教授外语，适用于孩童。

93. 【答案】C

【解析】此题考查对课程重点的判定。分析选段可以看出本课出现的程度副词比较集中，包括"很、最、比较、常常"等，因此重点可能是程度副词。

94. 【答案】D

【解析】此题考查对口语表达练习类型的判断。以第三人称口述课文属于复述。评述指评论、叙述，表达对某一事物的观点；论述即理论性描述，对某一问题进行单一的或者归纳性的阐述并提出解决方案；转述指转达别人说的话给另外的人群；复述指以言语重复刚识记的材料，以巩固记忆的过程。

95. 【答案】B

【解析】此题考查"常常"教学步骤的排序。教学步骤正确的序列应是：①认读"常常"，熟悉读音、写法、词性；③展示例句，引出"常常"的搭配特点和其他用法；②提问"你最喜欢的运动是什么？运动的频率高吗？"等，请学生使用"常常"表达。在教授新词时，教师应首先介绍词的读音、写法、词性等基本内容，进而拓展到词的搭配和用法，最后设置语境，锻炼学生词语活用的能力。

96. 【答案】C

【解析】此题考查课堂提问方式。教师应当在提问后给予学生一定的准备时间，而不应立即提问。顺序应当是先提问，再根据学生的反应和主动程度选择作答的学生。反复向内向的、不爱回答问题的学生提问会损伤学生的积极性。

97. 【答案】B

【解析】此题考查具体案例讲解方法的判定。分析可知，这种方法先列出了"非……不可"的结构成分，再用不同的例子进行替换印证，属于替换法。

98. 【答案】A

【解析】此题考查对课堂教案内容的预测。根据教案可以知道，"非……不可"的意义已经解释，并且给出了例句。接下来的环节应该是让学生自行操练，故选择A选项。布置学生作业不属于课堂教学内容。

99. 【答案】D

【解析】此题考查教学中语境的设置。"同学们不想明天交作文，可是老师一定要让大家明天交，不交不行"这段话出现在解释"非……不可"的意义时，它的作用是设置语境，让学生理解其义。

100. 【答案】B

【解析】此题考查词汇讲解方法。分析教案可以发现，讲解"非……不可"用得最多的方法是情景法。教师在解释意义、讲解例句等环节都设置了充足的语境，让学生身临其境地体会"非……不可"的意思和用法。

说明：第三部分"综合素质"为情境判断题，考查考生的个人态度倾向，没有统一的标准答案。